Henning | Kants Ethik

Tim Henning
Kants Ethik

Eine Einführung

Reclam

RECLAMS UNIVERSAL-BIBLIOTHEK Nr. 19384

Gestaltung: Cornelia Feyll, Friedrich Forssman
Gesamtherstellung: Reclam, Ditzingen. Printed in Germany 2016

ISBN 978-3-15-019384-6

Auch als E-Book erhältlich

www.reclam.de

Inhalt

Einleitung

Wir alle sind mit moralischen Fragen vertraut: »Ist eine Lüge auch falsch, wenn sie eine Notlüge ist?«, oder: »Muss ich mich nicht für den Kollegen stark machen, der von den anderen gemobbt wird?« Die normative Ethik ist eine Disziplin der Philosophie, die sich genau mit Fragen dieser Art befasst. Dabei sucht sie erstens ein systematisches Kriterium dafür, welche Handlungen richtig und falsch sind. Zweitens soll eine ethische Theorie aber auch erklären, *warum* bestimmte Handlungen richtig oder falsch sind. Was z. B. ist falsch am Lügen – was macht Lügen falsch?

Immanuel Kant (1724–1804) hat, neben vielen anderen Errungenschaften, einen wichtigen Vorschlag zu einer solchen Theorie des Richtigen und Falschen vorgelegt. Kant zufolge können moralische Fragen in strenger und objektiver Weise beantwortet werden. Dazu, so Kant, müssen wir nur einen einzigen moralischen Grundsatz erfassen, den er das »Sittengesetz« nennt. (Aus Gründen, die wir später kennenlernen werden, nennt er ihn auch »kategorischer Imperativ«.) Dieses Sittengesetz allein reicht aus, um zu erklären, welche Handlungen richtig und falsch sind und warum sie dies sind. Die Wahrheit des Sittengesetzes lässt sich dabei, so Kant, rein durch vernünftiges Nachdenken erkennen. Das Sittengesetz ist eine Vernunftwahrheit, so wie Sätze der Mathematik.

Ziel dieses Buches ist es, Kants Theorie des Richtigen und Falschen zu erläutern. Es gibt verschiedene Wege, auf denen man sich einer philosophischen Theorie sinnvoll nähern kann. Ein Weg wäre vorwiegend historisch – er würde nachzeichnen, wie sich Kants Ideen aus einer Geschichte von philosophischen Vorschlägen und Problemen entwickelt haben. Ein anderer Weg besteht darin, Kants Ethik primär so zu betrachten, wie er selbst sie verstanden hat – als eine Theorie mit Anspruch auf Wahrheit und Erklärungskraft und als eine Theorie, deren Argumente für sich selbst sprechen sollen.

Diese Einführung muss sich beschränken, und sie legt den Schwerpunkt vor allem auf diese zweite Herangehensweise. Sie soll Kants Argumente und Begriffe genau analysieren und die Implikationen der Theorie auf Plausibilität prüfen. (Freilich werden wir feststellen, dass philosophiegeschichtliche Verweise auch hierbei mitunter hilfreich sein können.)

Der erste Schritt in so einer systematischen Beschäftigung mit einer Theorie muss darin bestehen, zu erklären, inwiefern sie tatsächlich überzeugend ist – also die Gründe aufzuzeigen, die dafür sprechen, diese Theorie für korrekt zu halten. Erst wenn dies geschehen ist, sind wir in der Lage, Einwände und Probleme in ihrer Tragweite richtig einzuschätzen. Diese Einführung soll vor allem bei diesem ersten Schritt der Auseinandersetzung mit Kants Ethik behilflich sein.

Natürlich kommen auch Einwände zur Sprache. Kapitel 14 bis 17 widmen sich einer ganzen Batterie berüchtigter Schwierigkeiten für Kants Ethik. Aber auch diese Kapitel stellen die Probleme nicht nur dar, sondern suchen in Kants Theorie nach geeigneten Ressourcen, dieselben auszuräumen.

Jeder, der sich mit Kants moralphilosophischen Schriften befasst, wird schnell bemerken, dass Kant überaus starke und mitunter haarsträubende Ansichten zur Moral vertritt. Einige von ihnen werden wir kennenlernen – etwa seine Meinung, dass man auch dann nicht lügen dürfe, wenn dies nötig ist, um einen Unschuldigen vor einem Mörder zu schützen. Viele andere – etwa die Ansicht, dass man auch einem unterdrückerischen Staat keinen Widerstand leisten dürfe, oder seine extremen Ansichten zur Todesstrafe – können hier nicht diskutiert werden. Angesichts solcher Passagen ist es jedoch generell wichtig, zu bedenken, dass Kants persönliche Ansichten nicht immer diejenigen sein müssen, die sich aus *Kants ethischer*

Theorie ergeben. Auch der Urheber einer ethischen Theorie kann sich über ihre Implikationen täuschen. Was hier auf dem Prüfstand steht, ist jedenfalls Kants ethische Theorie, nicht seine persönliche Meinung zu vielen ethischen Fragen.

Im Mittelpunkt der Darstellung steht Kants Argumentation in seiner Schrift *Grundlegung zur Metaphysik der Sitten* von 1785. Diese Schwerpunktsetzung ist nicht ohne Alternative: Kant entwickelt seine Ethik in verschiedenen Werken, neben der *Grundlegung* vor allem in seiner *Kritik der praktischen Vernunft* (1788), *Die Religion innerhalb der Grenzen der bloßen Vernunft* (1793) und schließlich in der späten *Metaphysik der Sitten* (1797). Zudem gibt es eine Vielzahl relevanter kleiner Schriften Kants und Vorlesungsmitschriften seiner Studierenden. Jeder dieser Texte hat seine Vorzüge. Speziell die späteren Schriften sind in einigen Punkten ausgereifter. Daher werden wir an einigen zentralen Stellen u. a. auf Einsichten aus der *Metaphysik der Sitten* (z. B. zum Thema unvollkommene Pflichten) und der *Kritik der praktischen Vernunft* (z. B. zum Verhältnis von Moral und Freiheit) zurückgreifen. Dennoch dient die *Grundlegung* nach wie vor den meisten Lesern als Einstiegspunkt in Kants Ethik. Und das ist nicht ohne Grund so: Viele seiner entscheidenden Ideen entwickelt Kant vor allem hier. Überdies, so soll dieses Buch zeigen, ist die Argumentation der *Grundlegung* sehr viel stringenter und überzeugender, als es auf den ersten Blick erkennbar ist.

Eine Einführung wie diese muss sich auch thematisch beschränken. Eine besonders empfindliche Einschränkung betrifft die politische Philosophie und die Rechtsphilosophie Kants. Diese Themen kommen in dieser Einführung fast gar nicht zur Sprache.[1] Damit soll nicht etwa angedeutet sein, dass

1 Es finden sich lediglich einige knappe Verweise, so z. B. auf die Theorie des Privateigentums in Kants *Rechtslehre* in Kap. 14.

diese Themen weniger wichtig wären. Im Gegenteil, gerade in jüngerer Zeit wird Kants Rechtsphilosophie als ein origineller Beitrag ersten Ranges neu entdeckt (vgl. z. B. die spannenden Arbeiten von Weinrib 1995 und Ripstein 2009). Nur sind diese Themen derart komplex, dass sie einer eigenen Einführung bedürfen. Darüber hinaus ist ihre Beziehung zu Kants Ethik nach wie vor ein sehr umstrittenes Thema (vgl. z. B. Horn 2014).

Gänzlich Neues ist von einem Buch zu Kant natürlich kaum zu erwarten. Dennoch weicht diese Einführung in einigen Punkten von vergleichbaren Werken ab. Zum Beispiel betont sie die Einheitlichkeit und systematische Geschlossenheit der Theorie Kants. So argumentiert sie, im Gegensatz zum gegenwärtigen *Mainstream*, dass die verschiedenen Formulierungen, die Kant dem Sittengesetz gibt, tatsächlich in einem starken Sinne äquivalent sind (vgl. Kap. 10 und 11). Zudem bietet sie neue Gedanken zur Lösung einiger hartnäckiger Probleme an: So entwickeln Kap. 14 und 15 Lösungen für Schwierigkeiten mit sog. »Rätselmaximen«, Schwierigkeiten, die schon G. W. F. Hegel zu dem Urteil bewegt haben, Kants Ethik sei inhaltsleer. Desweiteren zeigt Kap. 16 schließlich, dass Kants Ethik starke und unmittelbare Pflichten gegenüber nicht-menschlichen Tieren ergibt. Und Kap. 18 zeigt, dass Kants Ethik wichtige Impulse für aktuelle ethische Probleme bietet, die sich z. B. im Kontext der Massentierhaltung, des Klimawandels oder der globalen Wirtschaft zeigen.

Kants Ethik ist kein einfaches Thema. Aber glücklicherweise lässt sich der Grundgedanke dieser Ethik recht einfach an Beispielen verdeutlichen. Bevor wir uns in die Diskussion der Details vertiefen, ist es hilfreich, sich in Kap. 1 einen ersten Eindruck vom sprichwörtlichen Wald zu verschaffen, damit wir ihn später nicht vor lauter Bäumen aus den Augen verlieren.

1 Der Grundgedanke

Ich stehe an der Haltestelle und warte auf die letzte Straßenbahn. Es sind nur ein paar Stationen bis nach Hause, und ich bin sicher, dass keine Kontrolleure mehr unterwegs sein werden. Muss ich wirklich eine Fahrkarte kaufen? Es wird kein nennenswerter volkswirtschaftlicher Schaden entstehen, wenn ich es nicht tue. Und das Restrisiko, doch erwischt zu werden, würde mich nicht schrecken. Trotzdem melden sich Skrupel. Es erscheint mir einfach falsch, schwarzzufahren. Mitten in der Nacht, obwohl mich niemand beobachtet, gehe ich zum Automaten und bezahle.

Niemand von uns ist moralisch perfekt. Wir fahren schwarz, kaufen unfair gehandelten Kaffee, ignorieren Bedürftige – von noch Schlimmerem ganz zu schweigen. Aber es gibt auch kaum jemanden, dem moralische Skrupel ganz fremd wären. Wie sind solche Skrupel zu verstehen? Was sagen sie? Und wer ist das eigentlich, der sich als »Stimme des Gewissens« zu Wort meldet?

Eine Antwort, die vielen von uns heute nahezuliegen scheint, lautet: Es handelt sich um ein moralisches Gefühl, das sich hier Gehör verschafft. In unserer Alltagssprache würden wir sagen: Moral ist eine Sache des »Herzens«, nicht der reinen Vernunft. Ebenso würden viele von uns sagen: Wenn ich »rein rational an die Sache herangehen« würde, würde ich den Fahrschein wohl kaum bezahlen. Natürlich sind moralische Gefühle eine überaus nützliche Sache. Sie machen uns zu kooperativen, sozialen Wesen – Wesen, mit denen man z. B. einen öffentlichen Nahverkehr unterhalten kann. Es ist daher nicht schwer, die Existenz solcher Gefühle zu erklären. Sie dürften ihren Ursprung zum Teil in Erziehung und Sanktionen, aber wohl auch in angeborenen, evolutionär erworbenen Dispositionen haben. Sind meine Skrupel also einfach solche Gefühle?

Kant widerspricht vehement. Moral, darauf besteht er mit Nachdruck, ist eine Sache der Vernunft, nicht des Gefühls. Wer fähig ist, einfach nur vernünftig über seine Vorhaben nachzudenken, kann auch ohne die Hilfe von anerzogenen oder angeborenen Gefühlen einsehen, was richtig oder falsch ist. Moralische Einsicht, so Kant, benötigt überhaupt keine Hilfe von irgendwelchen empirischen oder emotionalen Quellen. Sie ist rein vernunftbasiert, durchaus so wie mathematische Einsicht.

Die nächtliche Episode an der Haltestelle eignet sich gut dafür, zu illustrieren, was er meint. Ich erwäge also schwarzzufahren. Meine Vernunft stellt daraufhin die für sie charakteristische Frage: Gibt es in einer Situation wie dieser wirklich ausreichend gute Gründe, so zu handeln?

Diese Frage klingt unscheinbar, aber sie hat eine wichtige Eigenschaft: Sie ist ganz allgemein. Wenn es in einer Situation wie dieser gute Gründe zum Schwarzfahren gibt, dann gilt das *für jeden*, der in einer Situation wie dieser ist. (Die Frage ließe sich ebenso gut so formulieren: Würde *ein vernünftiger Mensch* in dieser Situation so handeln?) Jeder in so einer Situation hätte also gute Gründe dafür, schwarzzufahren. Dass die Vernunft diese allgemeine Frage stellt, ist kein Zufall. Während mein Gefühl mir vorgaukelt, dass ich und meine Anliegen etwas ganz besonderes sind, belehrt mich die Vernunft, dass ich auch nicht anders bin als all die anderen, die in diese Situation geraten. Warum also sollten für mich andere Gründe einschlägig sein und andere Regeln gelten?

So zwingt mich die Vernunft dazu, einen Standpunkt einzunehmen, der umfassender ist als mein eigener. Plötzlich beurteile ich mein Vorhaben als eines, das für vernünftige Wesen generell angemessen sein muss. Ich muss mir also ausmalen, dass es eine allgemeine Regel gibt, der zufolge es für alle Menschen unter Umständen wie diesen vernünftig ist, schwarzzufahren.

Diese Perspektive, so Kant, führt auf ein Problem. Denn es ist nicht nur so, dass mir das Szenario, das ich mir da ausmale, vielleicht nicht gefällt. Der wichtige Punkt für Kant ist, dass ich eine echte Schwierigkeit habe, mir dieses Szenario überhaupt auszumalen. Ich kann mir gar nicht wirklich eine Welt vorstellen, in der alle Menschen jede Gelegenheit zum Schwarzfahren ausnutzen. In so einer Welt könnte es entweder gar keinen öffentlichen Nahverkehr geben, der durch Fahrpreise finanziert wird, oder es müsste so scharfe Kontrollen geben, dass Schwarzfahren unmöglich ist. Ich merke also: Was ich vorhabe, funktioniert nur dann, wenn es nicht alle anderen auch tun.

Kant glaubt, dass diese Diagnose eine doppelte Erkenntnis beinhaltet: Zunächst einmal erkenne ich hier nämlich ein *rationales* Defizit in meinem Vorhaben. Ich sehe ja: Es ist unmöglich, dass eine Ersparnis, wie ich sie mir gerade sichern möchte, von jedermann als ein hinreichender Grund zum Schwarzfahren behandelt wird. Aber ich kann kaum ernsthaft behaupten, dass meine Ersparnis, bloß weil sie meine ist, schwerer wiegt und daher besondere Maßnahmen rechtfertigt. Vielmehr ist die Ersparnis in meinem Fall natürlich kein besserer Grund als in allen anderen Fällen, und in diesen anderen Fällen kann ich sie *nicht* generell als Grund behandelt sehen wollen.

Schon der Versuch, mein Vorhaben als gut begründet (und damit allen Vernunftwesen angemessen) auszuweisen, erweist sich also als schwierig. Aber ich stoße noch auf eine zweite, verwandte Einsicht, und diese führt in den Bereich der Moral: Ich merke nämlich, dass ich mir mit meinem Vorhaben notwendig besondere Vorrechte und einen besonderen Status gegenüber allen anderen Menschen einräumen würde. Immerhin stelle ich ja fest, dass dieses Vorhaben nur deshalb möglich ist, weil Andere sich dasselbe nicht erlauben. Ich nutze also aus, dass sie sich mehr einschränken. Außerdem behandle ich dadurch meinen Fall als etwas Besonderes. Ich und meine Ersparnis erhalten einen besonderen Rang, ein besonderes Gewicht gegenüber allen Anderen.

Mit dem zuerst genannten rationalen Defizit geht also zugleich ein moralisches Defizit einher. Indem ich das Gewicht meiner Gründe überschätze, überschätze ich *meine eigene* Wichtigkeit.

Dies ist ein erster Eindruck davon, wie die Vernunft Kant zufolge unser Handeln ethisch prüft. Dazu bedarf es keiner speziellen Gefühle und keiner speziellen Sozialisation. Es braucht nur die Vernunft, die einfach die ihr eigentümliche Frage stellt: »Gibt es hier wirklich einen hinreichenden Grund, so zu handeln?« Diese allgemeine Frage führt uns unmittelbar auf das Gebot, *keine Entscheidungen zu treffen, die man nicht jedem anderen vernünftigen Wesen auch zubilligen kann.*

Genau diese Forderung ist, so Kant, der oberste Grundsatz der Moral – das »Sittengesetz«. Sie erfasst nicht nur, *dass* es falsch wäre, schwarzzufahren. Sie erklärt auch, *was* daran falsch wäre. Was es falsch macht, wenn ich jetzt schwarzfahre, sind nicht die Konsequenzen dieser einen Handlung. Sondern es ist der Umstand, dass ich mich mit diesem Plan über alle anderen Vernunftwesen erhebe – mir etwas zugestehe, das ich nicht für jeden von uns gutheißen könnte.

Nun ist Kant der letzte, der sich optimistischen Illusionen in Bezug auf unsere Natur hingibt. Wir sind mehr als fehlbar, und viele von uns werden solche Überlegungen gar nicht erst anstellen, oder sie ignorieren und leichten Herzens schwarzfahren (oder Schlimmeres). Und selbst wenn wir nicht schwarzfahren, werden wir es oft aus den falschen Gründen unterlassen (vielleicht deshalb, weil wir es genießen, uns als »gute Menschen« zu sehen). Kant behauptet nicht, wir alle seien gut – ganz im Gegenteil. Er sagt nur: Es gibt die Stimme der Vernunft, und sie sagt uns genau, was zulässig ist. Keiner von uns kann behaupten, er habe es nicht besser wissen können.

2 Das Argument in Abschnitt 1 der *Grundlegung* – Der erste Schritt

Kants *Grundlegung zur Metaphysik der Sitten*, die uns in dieser Einführung besonders beschäftigen wird, besteht aus einem Vorwort, dem drei Abschnitte folgen. Das Vorwort definiert Kants generelles Beweisziel: »die Aufsuchung und Festsetzung *des obersten Princips der Moralität*« (IV: 392). Die drei Abschnitte sollen diese Vorgabe einlösen. Abschnitt 1 und 2 formulieren Argumente für folgende These: *Wenn* es eine gültige moralische Forderung gibt, dann muss sie einen ganz bestimmten Inhalt haben. Dieser Inhalt, das Sittengesetz, wird in beiden Abschnitten wiederholt formuliert; wir werden verschiedene Formulierungen kennenlernen. Abschnitt 3 soll dann den möglichen Vorbehalt ausräumen, den der »Wenn«-Satz in der These ausdrückt. Dieser dritte Abschnitt soll also beweisen, *dass* es gültige moralische Forderungen gibt, dass das besagte Sittengesetz also gilt.

Damit ist Kants Beweisziel zwar umrissen. Aber die Vorrede weist auf eine wichtige Zusatzforderung hin, die Kant selbst an jede adäquate Ethik stellt. Kant glaubt, dass moralische Forderungen strenge Allgemeingültigkeit haben. Sie gelten nicht nur zu bestimmten Zeiten und in bestimmten Kulturen. Ja, sie gelten nicht einmal nur für Menschen, sondern schlechthin für alle Wesen, die Vernunft besitzen. Damit wendet Kant sich gegen einen philosophischen Trend, der zu seiner Zeit vor allem im englischsprachigen Raum vorherrscht: Autoren wie *Thomas Hobbes* (1588–1679) und *David Hume* (1711–1776) hatten Moral auf ein spezifisch menschliches Bedürfnis nach Sicherheit und Kooperation, sowie (besonders in Humes Falle) auf angeborene menschliche Gefühle wie die Empathie zurückgeführt. Kant ist nun der Meinung, dass so eine Ethik keine allgemeingültigen Forderungen begründen kann. Wenn es Wesen gibt, die unser Bedürfnis nach Kooperation und unsere Empathie nicht teilen, dann würde eine solche Ethik nichts von ihnen verlangen. Kant besteht aber auf Allgemeingültigkeit und lehnt solche Begründungen daher ab.

Daraus ergibt sich aber eine Aufgabe. Wenn ethische Grundsätze nicht von kontingenten Merkmalen der menschlichen Natur abhängen, dann muss ihre Begründung möglich sein, ohne sich auf Information über solche Merkmale zu berufen. Mehr noch: Kant glaubt generell, dass man Aussagen, die strenge Allgemeingültigkeit haben, nur *a priori* beweisen kann – was soviel heißt wie: ohne empirische Information, durch bloßes Nachdenken. Kant nennt jede Disziplin, die (anders als etwa die Logik) nicht rein formal ist und dennoch in diesem Sinne *a priori* verfährt, eine »Metaphysik«. Auch die Ethik muss folglich eine Metaphysik sein: eben eine »Metaphysik der Sitten«. Die *Grundlegung zur Metaphysik der Sitten* soll einen ersten, wichtigen Baustein zu dieser Metaphysik liefern: Sie soll *a priori* zeigen, dass es ein *»oberste[s] Princip der Moralität«* gibt, das alle moralischen Pflichten begründen kann.[1]

Wie könnte man dieses Beweisziel erreichen? Kant verfährt in den ersten beiden Abschnitten der *Grundlegung* nach eigener Aussage »analytisch« (IV: 445). Das heißt, einfach gesagt: Er setzt bei Vorstellungen an, die unser Verständnis von Moral definieren, und er zeigt, dass der Inhalt dieser Vorstellungen, wenn er richtig analysiert wird, von selbst zeigt, dass die Moral nur einen ganz bestimmten Inhalt haben kann.

Kant formuliert in der *Grundlegung* mehrere Argumente, die nach dieser generellen Methode verfahren. Wir sehen uns

1 Genau genommen ist natürlich gemeint, dass dieses oberste Moralgesetz unter Zuhilfenahme wahrer nicht-moralischer Prämissen alle wahren moralischen Urteile begründen kann.

zwei dieser Argumente an: In Abschnitt 1 setzt er bei unserer Vorstellung von etwas Wertvollem oder Gutem an. Und er zeigt in einer Reihe von Beispielen, dass diese Vorstellung Voraussetzungen enthält, die auf ein bestimmtes Moralprinzip führen. In Abschnitt 2 verfährt Kant ähnlich (wie wir in Kap. 5 sehen werden). Dort setzt er beim Begriff einer moralischen Forderung an und zeigt, dass schon dieser Begriff, wenn er analysiert wird, nur einen ganz bestimmten Inhalt für moralische Forderungen zulässt.

Auf diese Weisen, so lautet Kants These also, kann man den folgenden Satz als korrekt ausweisen: Wenn es eine gültige moralische Forderung gibt, dann ist sie keine andere als das Sittengesetz (wie es in den Abschnitten 1 und 2 formuliert wird). Wer also die Idee der Moral nicht von vornherein ablehnt, dem kann man *a priori* aufzeigen, dass sie das Sittengesetz enthält.

In Abschnitt 1 der *Grundlegung* finden wir eine erste Herleitung des Sittengesetzes – also ein erstes Argument, das zeigen soll, dass das moralische Gesetz, wenn es denn eines gibt, das Sittengesetz sein muss. Kants Argumentation ist in ihrer Struktur nicht ohne weiteres leicht zu durchschauen. Wenn wir sie jedoch ein wenig aufbereiten, können wir sagen, dass sie auf drei Prämissen beruht:

(1) Moralischen Wert können wir uns nur dort denken, wo Handelnde eine bestimmte Art von Motivation aufweisen, die Kant »guter Wille« nennt.
(2) So ein guter Wille liegt (zumindest im Falle von uns Menschen) genau dort vor, wo wir »aus Pflicht« handeln.
(3) Wenn wir in dieser Weise »aus Pflicht« handeln, dann kann diese Pflicht nur einen ganz bestimmten Inhalt haben – eben den Inhalt des Sittengesetzes.

Wir werden den Inhalt und die Begründung dieser drei Prämissen im Folgenden genauer kennenlernen. Schon jetzt sollte aber erkennbar sein, dass diese Prämissen auf die Schlussfolgerung führen, dass wir uns moralischen Wert in der Sphäre menschlichen Handelns nur dort denken können, wo nach dem Sittengesetz gehandelt wird. Da zur Vorstellung der Moral die Vorstellung von moralischem Wert gehört, würde dies zeigen, dass unsere Vorstellung von Moral *selbst* das Sittengesetz enthält.

Eine kurze Anmerkung in Bezug auf die drei genannten Prämissen: Wie wir sehen werden, geben diese Prämissen die wichtigen inhaltlichen Schritte des Arguments wieder. Es ist aber zu bedenken, dass Kant selbst sein Argument nicht explizit in dieser Weise strukturiert. Mehr noch: Wie wir ebenfalls sehen werden, führt Kant im weiteren Verlauf eine (verwirrende und unvollständige) eigene Nummerierung von »Sätzen« ein. Unsere obigen Prämissen nehmen eine andere und, mit Verlaub, transparentere Strukturierung vor. (Kants eigene Zählung besprechen wir in Kap. 4.)

Kant beginnt den Abschnitt 1 der *Grundlegung* direkt mit einer Formulierung seiner ersten Prämisse:

> Es ist überall nichts in der Welt, ja überhaupt auch außer derselben zu denken möglich, was ohne Einschränkungen für gut könnte gehalten werden, als allein ein *guter Wille* (IV: 393)

Wenn es also überhaupt etwas gibt, das ohne Einschränkungen gut ist, dann ist es ein Wille mit einer bestimmten Eigenschaft, ein »guter« Wille. Was ist aber ein guter Wille? Das sagt Kant uns an dieser Stelle noch nicht. Und das aus gutem Grund: Wir wollen ja erst herleiten, was gut ist. Daher kann Kant jetzt nicht so tun, als wüssten wir bereits, wann der Wille eines Menschen moralischen Wert hat. Zunächst einmal behauptet er nur: Manchen Individuen schreiben wir *de facto* – auf welcher Grundlage auch immer – einen guten Willen zu. Und wenn wir es tun, dann schreiben wir ihnen das einzige zu, was wir ohne Einschränkungen für etwas Wertvolles halten.

Kants weitere Diskussion zeigt, dass er dabei mit »Einschränkungen« *Bedingungen* meint, die vorliegen müssen, damit etwas gut ist. Seine These ist also: Alles *außer* einem guten Willen ist, wenn überhaupt, nur dann gut, wenn bestimmte Bedingungen gegeben sind. Nur ein Wille hängt, wenn er gut ist, in seiner moralischen Qualität nicht von irgendwelchen äußeren Bedingungen ab.

Kant wählt zunächst ein Ausschlussverfahren: Er zählt typische Dinge auf, die wir gewöhnlich wertvoll finden – von »Talenten des Geistes« (wie Verstand), »Eigenschaften des Temperaments« (wie Mut) bis zu »Glücksgaben« (wie Reichtum) und sogar zur »Glückseligkeit« selbst. Nichts davon, so Kant, ist gut, wenn nicht weitere Bedingungen vorliegen.

Nehmen wir zum Beispiel Mut. Mut ist oft eine gute Sache. Aber der Mut, mit dem sich ein Einbrecher am helllichten Tag in eine Wohnung schleicht, ist keineswegs gut. Es ist dabei nicht nur so, dass die Schlechtheit des Einbrechens den Wert des Mutes überdeckt. Unsere Bewertung des Mutes *selbst* ist nicht positiv. Wir könnten ja sonst durchaus unterscheiden zwischen der schlechten Bewertung des gesamten Vorfalls und der davon unberührten Wertschätzung eines Aspekts, des Muts. Aber wir sagen eben nicht: »Der Einbruch war natürlich eine schlimme Sache. Aber es war doch immerhin erfreulich, wie mutig der Täter war. Wenn schon Einbrüche, dann so!«

Das gleiche gilt für Geld. So begrüßenswert es oft ist – es ist nichts gut daran, wenn ein übler Mensch mehr davon zur Verfügung hat.

Und schließlich gilt dies sogar für das Gut, das viele Menschen für das höchste halten: das Glück. Wenn wir hören, dass ein Naziverbrecher einen glücklichen Lebensabend in Übersee verbracht hat, finden wir nichts Gutes daran. Wir sagen nicht: »Wenn es denn leider Gottes schon Naziverbrecher gibt, dann ist es doch zumindest schön, wenn sie glücklich sind.«

Zu all diesen Gegenständen einer positiven Bewertung können wir uns demnach Bedingungen ausmalen, unter denen sie keinen Wert haben würden. Aufschlussreich ist dabei, dass sich als die relevante Bedingung im Hintergrund immer *die richtige Beschaffenheit des Willens* der betreffenden Person erweist. Wir mussten nicht von ungefähr an Einbrecher und andere üble Gestalten denken, um den Wert von Gütern wie etwa Mut, Reichtum oder Glück nichtig zu machen.

Ein guter Wille – wie auch immer er genau aussehen mag – erweist sich so Kant zufolge als die Bedingung dafür, dass alles andere wertvoll sein kann. Im zweiten Schritt ist nun zu fragen, ob es denn auch für diesen guten Willen eine weitere Bedingung gibt, ohne die er nicht gut wäre. Das verneint Kant. Die Bewertung eines guten Willens verändert sich auch unter ungünstigen Umständen *nicht* so, wie es für alles andere gilt:

> Wenn gleich durch eine besondere Ungunst des Schicksals, oder durch kärgliche Ausstattung einer stiefmütterlichen Natur, es diesem Willen gänzlich an Vermögen fehlete, seine Absicht durchzusetzen […], so würde er wie ein Juwel doch für sich selbst glänzen, als etwas, das seinen vollen Werth an sich selbst hat. (IV: 394)

Auch das ist plausibel. Angenommen, jemand will selbstlos einem in Not Geratenen helfen. (Unterstellen wir, dass wir in diesem Falle von einem guten Willen sprechen würden.) Durch unvorhersehbare Umstände gelingt die Hilfe aber nicht, sondern die Lage verschlimmert sich letztlich noch. In so einem Falle würden wir zwar vermutlich sagen, dass die Dinge ohne diesen Hilfsversuch besser verlaufen wären. Dennoch würden wir dem Akteur kaum verkünden, dass wir angesichts des Resultats *nichts* Gutes mehr an seinem selbstlosen Tun finden.

In diesem Sinne ist ein guter Wille (was immer genau einen solchen Willen auch auszeichnen mag) das einzige, das in seinem Wert konstant und unabhängig von allen äußeren Bedingungen ist: »Der gute Wille ist nicht durch das, was er bewirkt, oder ausrichtet, [...] sondern allein durch das Wollen, d. i. an sich, gut« (IV: 394). Damit ist Kants Begründung seiner ersten Prämisse komplett: Wir können uns jeglichen Wert nur dort denken, wo jemand einen guten Willen zeigt.

3 Das Argument in Abschnitt 1 der *Grundlegung* – Der zweite Schritt

Kant möchte nun zeigen, dass diese Idee eines guten Willens uns auf das Sittengesetz führt. Dazu bedarf es im nächsten Schritt seiner zweiten Prämisse. Er möchte zeigen, dass ein guter Wille (zumindest bei menschlichen Akteuren, s. u.) genau dort vorliegt, wo »aus Pflicht« gehandelt wird.

Er beginnt recht unvermittelt mit der These, dass der Begriff der Pflicht den Begriff eines guten Willens »enthält« – wenn auch, so Kant, mit »gewissen subjectiven Einschränkungen und Hindernissen« (IV: 397). Diese Auskunft ist wichtig, aber ohne weiteres kaum zu verstehen.

Gehen wir schrittweise vor. Mit »enthält« meint Kant zunächst einmal ein begriffliches Implikationsverhältnis. (Der Begriff des Pianisten enthält den des Musikers – daher folgt aus der Aussage, jemand sei Pianist, die Aussage, er sei Musiker.) Wenn wir also in einer bestimmten Weise von Pflicht sprechen, dann *folgt* daraus, dass ein guter Wille vorliegt. Welche »subjectiven Einschränkungen« sind gemeint? Wir werden in Kürze feststellen, dass Kant nur bei einer ganz bestimmten Redeweise über Pflicht behauptet, dass sie das Vorliegen eines guten Willens impliziert. Es geht ihm speziell um die Rede davon, dass jemand »aus« Pflicht handele. Mit dieser Redeweise ist gemeint, dass die subjektive Motivation eines Akteurs in einer bestimmten Weise Pflicht zum Inhalt hat. Diese auf bestimmte Bedingungen seitens des Subjekts eingeschränkte Redeweise impliziert einen guten Willen.

Was ist schließlich mit »subjectiven Hindernissen« gemeint? Kant glaubt, dass es so etwas wie Pflicht (und speziell das Handeln »aus« Pflicht – was immer das genau sein mag) nur bei Wesen gibt, deren Wille nicht vollkommen von der

Vernunft bestimmt ist. Wir Menschen zum Beispiel wollen nicht immer das, was wir als richtig erkennen. Oftmals müssen wir uns dazu zwingen, das Richtige zu tun – und oftmals misslingt sogar das. Wenn Wesen wie wir *überhaupt* einen guten Willen zeigen, dann muss dieser sich gegen bestimmte innere Widerstände durchsetzen. Deswegen äußert sich die moralische Einsicht in unserem Falle immer als eine Sache des *Müssens*.

Das ist bei anderen Wesen anders: Gott z. B. hat Kant zufolge einen guten Willen. Aber da es seine Natur ist, das Richtige zu wollen, stellt sich das Richtige für ihn nicht als etwas dar, was er tun *muss*. Gott muss gar nichts; für ihn gibt es weder Pflicht noch Handeln aus Pflicht (vgl. IV: 412 f.).

Kants Idee ist also diese: Bei Menschen hat der gute Wille immer eine bestimmte Form, nämlich die einer Orientierung an etwas *Gefordertem* oder *Gesolltem*, kurz: an Pflicht. Deswegen erfassen wir einen guten Willen bei Menschen mit einem besonderen Begriff, dem des Handelns »aus Pflicht«. Dieser Begriff enthält eine »Einschränkung«, die auf die besonderen »Hindernisse« verweist, denen ein guter Wille im Falle von Menschen begegnet. Die begrifflichen Verhältnisse sind also diese: Wenn wir sagen, jemand handle »aus Pflicht«, dann impliziert dies einen guten Willen in seiner spezifisch menschlichen Erscheinungsform. Umgekehrt impliziert zwar der Begriff des guten Willens nicht den der Pflicht (wie das Beispiel Gottes zeigt). Aber bei Menschen gilt doch, dass ein guter Wille nur als Handeln aus Pflicht auftritt. Wenn man die These so beschränkt, gilt also: Einen guten Willen bei Menschen gibt es da und nur da, wo aus Pflicht gehandelt wird.

Kant will nun zeigen, dass genau diese spezielle Form, in der wir einen guten Willen bei Menschen thematisieren, uns Aufschluss über die Natur dieses guten Willens gibt. Gerade die »subjectiven Einschränkungen und Hindernisse« können, so Kant, den Inhalt des Begriffs des guten Willens »durch Abstechung heben und desto heller hervorscheinen lassen« (IV: 397). Das heißt: Die Rede vom Handeln »aus Pflicht« steht im Kontrast zu anderen Redeweisen, und gerade dieser Kontrast kann es uns erlauben, den Begriff des guten Willens besser zu verstehen.

Kants Strategie ist dabei folgende: Er präsentiert uns eine Reihe von Fällen. Diese Fälle sollen sich dabei sowohl in der Rolle unterscheiden, die die Pflicht in ihnen spielt, als auch darin, ob in ihnen ein guter Wille vorliegt. Das Resultat, das Kant anvisiert, lautet, dass ein guter Wille *in exakt den Fällen* vorliegt, in denen ein Akteur in einem bestimmten Sinne »aus« Pflicht handelt.

Bevor wir uns diesen Fällen zuwenden, ist es hilfreich, die Wendung »aus Pflicht handeln« vorgreifend kurz zu erläutern. »Aus« Pflicht zu handeln, so kann man vorläufig sagen, heißt, etwas *aus dem Grund* zu tun, *dass* man dazu verpflichtet ist. Man mag fragen, was für eine Pflicht Kant eigentlich im Sinn hat. Aber auch hier beruft Kant sich nicht auf eine inhaltlich bestimmte Vorstellung von Pflicht. Das wäre auch unzulässig. Es soll ja erst hergeleitet werden, was unsere Pflicht ist. Kant setzt also nur voraus, dass wir *irgendeine* Vorstellung von moralischer Pflicht haben. Er wählt Beispiele, von denen er annimmt, dass wir sie unproblematisch finden. Die genauen Beispiele sind aber für sein Argument egal. Ihm geht es um strukturelle Beobachtungen über unseren Diskurs über Pflicht, nicht um konkrete Thesen darüber, was die Pflicht beinhaltet.

Wenden wir uns Kants Beispielen zu. In einer ersten Klasse von Fällen handelt ein Akteur zwar so, wie es plausibler Weise der Pflicht entspricht, aber er tut es ohne »unmittelbare Neigung«. Seine Neigungen (das heißt: seine Wünsche oder Interessen) richten sich auf andere, unabhängige Ziele, denen dann gedient ist, wenn er tut, was die Pflicht verlangt. Das Richtige zu tun, ist hier also Mittel zum Zweck. Ein Beispiel ist der Kaufmann (vgl. IV: 397), der »seine unerfahrnen Käufer nicht übertheure«, sondern sie jederzeit fair behandelt. Dieser Kaufmann aber, so nimmt Kant an, tut dies nur, weil es *für sein Geschäft das Beste ist*, wenn er als ehrlich gilt, so dass Kunden gerne wiederkommen. Dieser Kaufmann handelt also »pflichtmäßig«. Er handelt ja ehrlich, und Kant geht davon aus, dass wir darin etwas erkennen, was die Pflicht verlangt. Aber an der Ehrlichkeit seines Tuns als solcher liegt dem Kaufmann nichts. Kant kommt es hier auf die Beobachtung an, dass wir die Motive des Kaufmanns nicht moralisch lobenswert finden (was nicht heißen muss, dass sie *verwerflich* wären). Wenn die Beziehung des Handelns zur Pflicht also so beschaffen ist, dass es lediglich eine mittelbare Neigung zum pflichtgemäßen Tun gibt, liegt kein guter Wille vor.

Ähnliches gilt auch in einer zweiten Klasse von Fällen. Hier handelt ein Akteur so, wie es die Pflicht will, und er hat zudem den unmittelbaren Wunsch danach, genau so zu handeln. Ihm geht es nicht um die Erreichung eines anderen Zieles. Als Beispiel nennt Kant Menschenfreunde oder »theilnehmend gestimmte Seelen«. Sie sind durchaus erfreuliche Menschen: Menschen, die Freude daran haben, Anderen zu helfen. Sie finden »auch ohne einen andern Bewegungsgrund der Eitelkeit, oder des Eigennutzes, ein inneres Vergnügen daran [...], Freude um sich zu verbreiten« (IV: 398). Die Handelnden, um die es hier geht, tun Anderen Gutes, und zwar nicht deshalb, weil sie sich selbst einen weiteren Vorteil erhoffen, sondern nur, weil sie *gerne* Anderen Gutes tun.

Zunächst erscheinen diese Akteure als Musterfälle lobenswerten moralischen Verhaltens. Kants Urteil jedoch fällt etwas anders aus:

> Aber ich behaupte, daß in solchem Falle dergleichen Handlung, so pflichtmäßig, so liebenswürdig sie auch ist, dennoch keinen wahren sittlichen Werth habe [...]. (IV: 398)

Der Grund ist, dass die Neigung dieser Menschen nur »glücklicherweise auf das trifft, was in der Tat gemeinnützig und pflichtmäßig« ist (IV: 398). Diese Akteure tun zwar das Richtige, und sie tun es gerne. Jedoch liegt darin, so ist Kant zu verstehen, kein Verdienst. Diese Akteure gleichen den meisten anderen Menschen darin, dass sie das tun, was sie gerne tun, und es ist lediglich Sache des Zufalls, dass sie Gefallen an etwas haben, das moralisch richtig ist. Wohlgemerkt: Kant unterstellt hier nicht, dass Menschenfreunde dieses Typs letzten Endes doch nur Egoisten seien. Weit gefehlt: Er betont ja, dass Eigennutz nicht ihr Antrieb ist. Er weist aber darauf hin, dass dieser Unterschied zum Egoisten in ihrem Falle kein löbliches Verdienst ist.

Das heißt: Auch eine unmittelbare Neigung zu dem, was die Pflicht verlangt, macht noch keinen guten Willen (keinen Willen mit »wahrem sittlichem Werth«) aus. Was braucht es dann für einen guten Willen? In einem nächsten Beispiel möchte Kant zeigen, dass die Pflicht noch eine weitere Rolle spielen kann. Wir können nicht nur eine mittelbare oder unmittelbare Neigung zu den Handlungen haben, die von der Pflicht verlangt werden. Für die weitere Rolle, die Pflicht in unserer Motivation spielen kann, verwendet Kant nun den Ausdruck des Handelns »aus« Pflicht. Das Beispiel variiert den früheren Fall:

> Gesetzt also, das Gemüth jenes Menschenfreundes wäre vom eigenen Gram umwölkt, der alle Theilnehmung an anderer Schicksal auslöscht [...], und nun, da keine Neigung ihn mehr dazu anreizt, risse er sich doch aus dieser tödtlichen Unempfindlichkeit heraus, und thäte die Handlung

> ohne alle Neigung, lediglich aus Pflicht, alsdenn hat sie allererst ihren ächten moralischen Wert. [...] [G]erade da hebt der Werth des Charakters an, der moralisch und ohne alle Vergleichung der höchste ist, nämlich daß er wohlthue, nicht aus Neigung, sondern aus Pflicht. (IV: 398 f.)

Dann, wenn der Menschenfreund nicht mehr durch selbstlose, altruistische Neigungen motiviert wird, und trotzdem hilft, nur aus dem Grund, dass dies richtig ist (genau das meint Kant mit Handeln »aus Pflicht«) – da liegt ein guter Wille vor.

Diese Wendung in Kants Darstellung gilt manchen Autoren als Absurdität. Kann es sein, dass wir erst dann moralisch gut handeln, wenn wir keine altruistischen Gefühle haben? Müssen wir uns unsere Freude am Helfen womöglich abgewöhnen?[2] Das ist ein Missverständnis: Man kann natürlich auch dann aus Pflicht handeln, wenn man die Neigungen des Menschenfreundes teilt. Man darf nur nicht »aus« diesen Neigungen heraus handeln. Was das Handeln bestimmt, muss die Erkenntnis sein, dass es richtig ist, und nicht die Freude dabei, die man haben mag oder nicht.

Kants Resultat lautet: Wenn ein Mensch aus Pflicht und nicht aus Neigung handelt, dann hat er einen guten Willen. (Tatsächlich sieht Kant hier, wie gesagt, eine wechselseitige Implikation.)

2 Eine bekannte Formulierung dieses Einwands findet sich bei Friedrich Schiller (1759–1805), der in einem viel zitierten Zweizeiler schreibt: »Gerne dien ich den Freunden, doch tu ich es leider mit Neigung, / Und so wurmt es mir oft, daß ich nicht tugendhaft bin« (in Schiller, *Sämtliche Werke*, Bd. 1, München 1962, S. 299).

4 Das Argument in Abschnitt 1 der *Grundlegung* – Der dritte Schritt

Damit hat Kant auch die zweite Prämisse in seinem Argument zu begründen versucht. Der dritte Schritt der Argumentation besteht nun in dem Nachweis, dass dann, wenn jemand im besagten Sinne »aus Pflicht« handelt, die fragliche Pflicht einen ganz bestimmten Inhalt aufweisen muss.

Die Begründung dieser dritten Prämisse ist dabei vermutlich jener Teil in Abschnitt 1, der am dichtesten und am schwierigsten zu verstehen ist. Das liegt daran, dass Kant im Folgenden eine bestimmte Theorie darüber voraussetzt, was es überhaupt heißt, »aus« bestimmten Gründen oder Überlegungen heraus zu handeln. In der Philosophie wird eine solche Theorie »Handlungstheorie« genannt. Kants Handlungstheorie ist zum Verständnis seines Arguments ganz entscheidend. Aber leider tut er uns Lesern nicht den Gefallen, sie ausführlicher zu erläutern. Stattdessen werden Kernbegriffe wie »Maxime« und »Gesetz« ohne weitere Vorbereitung verwendet.

Zu allem Überfluss stiftet Kant an dieser Stelle weitere Unklarheit, indem er einen »zweite[n] Satz« (IV: 399) anführt – ohne allerdings gesagt zu haben, welches denn der zugehörige *erste* Satz gewesen sein mag. (In Kap. 2 wurde schon auf diese verwirrende Zählung hingedeutet.) Die Beantwortung dieser Frage ist in der Kant-Literatur nicht unumstritten. Kants Argumentation macht aber m. E. klar, dass er die These meint, dass Menschen genau dann einen guten Willen haben, wenn sie aus Pflicht handeln. (Um die Verwirrung komplett zu machen, ist Kants »erster« Satz also derjenige, den wir seine zweite Prämisse nennen. Aber der Leser kann beruhigt sein: Die Zählung als solche ist nicht wichtig.)

Unsere Aufgabe besteht nun darin, Kants Versäumnis nachzuholen und die Handlungstheorie, die im Hintergrund des »zweiten Satzes« steht, darzustellen. Das Argument erschließt sich dann leicht.

Was geschieht, wenn wir handeln? Angenommen, ich verspüre den Wunsch, einen Kaffee zu trinken, und hole mir daraufhin einen Becher. Wie ist das zu verstehen? Eines ist klar: Es ist nicht so, als würde der Wunsch wie eine fremde Kraft in mir tätig werden und meine Glieder in Bewegung setzen, meinen Arm zur Kaffeekanne bewegen, usw., und ich wäre bloß Zeuge des Geschehens. Im Gegenteil: Ich *selbst* bin Urheber meiner Handlung, und das bedeutet, dass meine Wünsche und Überlegungen nur deshalb zu Handlungen führen, weil ich es so beschlossen habe. Alles, also sowohl das, was ich tue, als auch die Motive, die mich dazu bringen, sind gleichsam durch mich »autorisiert«.[3]

Kant zufolge bedeutet dies, dass wir nicht nur über äußere Handlungen entscheiden. Auch die Gründe, aus denen wir handeln, und die Ziele, die wir verfolgen, machen wir zum Gegenstand einer Stellungnahme. (Das muss natürlich nicht immer bewusst und explizit geschehen.) Er drückt dies so aus: Wir formulieren *Maximen* und entscheiden dann über sie. Eine Maxime fasst dabei ein ganzes Vorhaben zusammen; sie beschreibt, was ich tun will und warum – etwa: »Ich gehe in die Küche und hole mir Kaffee, weil ich Lust auf einen Kaffee habe« o. ä.[4] Maximen sind für Kant die kleinsten Einheiten, über

3 Das bedeutet nicht, dass wir unsere Beweggründe immer gutheißen. Oft schämen wir uns dafür, Dinge z. B. aus Missgunst getan zu haben. Aber genau diese Scham verrät, dass so ein Motiv uns nicht einfach zustößt. Wir haben es zu unserem Grund gemacht, deshalb schämen wir uns ja.

4 Die Formulierung von Maximen ist unter Kant-Forschern ein höchst umstrittenes Thema. Wir werden in Kap. 14 und 15 sehen, warum das so ist: Viele Autoren glauben, dass von der genauen

die der Wille entscheidet. Und kein Wunsch wird uns zum Motiv einer Handlung, ohne in einer Maxime als Grund für dieses Tun formuliert und ratifiziert zu werden. In seiner späteren Schrift *Die Religion innerhalb der Grenzen der bloßen Vernunft* (von 1793) drückt Kant diesen Punkt so aus, dass keine »Triebfeder« einen Menschen zum Handeln bewegen kann, »als nur sofern der Mensch sie in seine Maxime aufgenommen hat« (VI: 24).

Wir handeln demnach immer nach Maximen – d. h. im Lichte einer von uns ratifizierten Vorstellung davon, was wir tun und warum. Nun besteht eine weitere wichtige Eigenschaft von Maximen, die wir uns als nächstes vor Augen führen müssen, darin, dass eine Maxime das ist, was Kant das »subjective Princip des Wollens« (IV: 400, Fußnote) nennt. »Subjektiv« ist eine Maxime in dem Sinne, dass sie das Verständnis des Akteurs von seinem Handeln und seinen Grün-

Formulierung von Maximen in Kants Ethik sehr viel abhängt. Wenn wir nicht genau beschränken, was eine Maxime beinhaltet, dann, so die Befürchtung, generiert Kants Sittengesetz viele unplausible moralische Urteile. Daher wird z. B. argumentiert, dass Maximen die spezifische Form von umfassenden »Lebensregeln« (so etwa R. Bittner und O. Höffe) haben müssen. Diese Sichtweise passt allerdings nicht so recht zu Kants eigenen Ausführungen. Wenn wirklich jede Handlung ihre Maxime hat, und wenn wir nie aus einem Wunsch handeln, ohne ihn in eine Maxime einzufügen – dann können Maximen nicht in jedem Falle so etwas Schwieriges, Elaboriertes sein. Ich werde unten dafür argumentieren, dass Kants Ethik die eben erwähnten Probleme lösen kann, ohne dass wir dafür bestimmte zusätzliche Beschränkungen für die Formulierung von Maximen einführen müssten. Wir können Maximen hier deshalb so behandeln, wie Kant sie in der *Grundlegung* zu behandeln scheint – als eine unproblematische, intuitiv zu handhabende Kategorie (vgl. dazu auch Allison 1990, 93 f.).

den wiedergibt. Aber in welchem Sinne ist sie nun ein »Prinzip«? Das erklärt Kant an einer etwas späteren Stelle, wo es heißt:

> Nur ein vernünftiges Wesen hat das Vermögen, *nach der Vorstellung* der Gesetze, d. i. nach Principien, zu handeln, oder einen *Willen.* Da zur Ableitung der Handlungen von den Gesetzen *Vernunft* erfodert wird, so ist der Wille nichts anders, als practische Vernunft. (IV: 412)

Diese Passage ist von großer Bedeutung; wir sehen sie uns deshalb genauer an. Wir erfahren hier zweierlei über die Prinzipien, nach denen wir handeln. Erstens dienen sie als Grundlage einer »Ableitung« von Handlungen durch die praktische Vernunft. Zweitens sollen die Prinzipien, nach denen wir handeln, Kant zufolge »Vorstellungen von Gesetzen« sein.

Der erste Teil ist recht einsichtig. Kant betont, dass der Übergang von den Prinzipien, nach denen wir handeln, zu Handlungen ein vernünftiger ist. Dadurch, dass unser Wille von solchen Prinzipien zu Handlungen gelangt, erweist er sich als praktische Vernunft. Demnach müssen Prinzipien etwas sein, das sich für genau diese Rolle eignet: Sie müssen so beschaffen sein, dass sie die Handlungen als *vernünftige* Konsequenzen ausweisen. Sie müssen also einfach *Begründungen* dieser Handlungen sein. Das bedeutet: Unsere Maximen formulieren Begründungen für unser Tun.

Der zweite Teil ist schwieriger zu verstehen. Was für Gesetze meint Kant? Wir wissen bereits, dass es Gesetze sein müssen, in denen unsere Vernunft eine Begründung erblicken können muss. An anderer Stelle findet sich eine Definition: Während eine Maxime laut Kant ja das »subjective Princip des Wollens« ist, ist ein »practisches Gesetz« ein »objective[s] Princip.« Das wiederum heißt: »dasjenige, was allen Wesen auch subjectiv zum practischen Princip dienen würde, wenn Vernunft volle Gewalt über das Begehrungsvermögen hätte« (IV: 400, Fußnote). »Gesetze« in Kants Sinne sind also Prinzipien, nach denen alle vollkommen vernünftigen Wesen als solche handeln würden. Sie würden allen solchen Wesen zur Maxime dienen. Sie geben, so resümiert Kant, »Gründe[], die für jedes vernünftige Wesen, als solches, gültig sind« (IV: 413).

Nun sind Maximen als solche nicht notwendig auch objektive Prinzipien. Aber dem obigen Zitat zufolge sind Maximen (also die Prinzipien, nach denen wir handeln) immerhin *Vorstellungen* solcher objektiven Prinzipien. Was bedeutet das? Es bedeutet, dass wir unsere Maximen zugleich als Maximen betrachten müssen, die allen vernünftigen Wesen vernünftiger Weise zur Maxime dienen würden. Noch anders formuliert: Wir müssen in den subjektiven Prinzipien unseres Wollens zugleich objektive, vernünftige Prinzipien sehen können – oder einfacher: *gute* Gründe.

Wir können also die beiden Hinweise des obigen Zitats so zusammenfassen: Maximen sind Prinzipien, nach denen wir handeln. Solche Prinzipien müssen erstens Begründungen für dieses Handeln formulieren, und diese Begründungen müssen wir uns zweitens so vorstellen, dass sie für alle vernünftigen Wesen als solche gleichermaßen gültige Begründungen darstellen können.

Das klingt nun zunächst nach einer starken These. Aber bei genauerer Betrachtung ist es nicht unplausibel: Man kann uns, wenn wir handeln, nicht nur prinzipiell immer nach dem Warum fragen, also Gründe von uns verlangen. Außerdem müssen wir es uns prinzipiell immer gefallen lassen, dass man unsere Begründungen an dem Anspruch misst, *gute* Gründe zu sein. Wenn man mich fragt: »Warum hast du den Studierenden durchfallen lassen?«, und ich sage: »Mir gefiel seine Frisur nicht«, dann wird man mich darauf hinweisen, dass das doch kein *Grund* sei, so etwas zu tun. Die Frage: »Warum tust du das?« ist *immer* die Frage: »Welchen *guten* Grund gibt es dafür?« Natürlich ist uns mitunter klar, dass unsere Gründe für unser Tun nicht die allerbesten sind. Aber es ist uns auch klar, dass man uns im Zweifelsfall dafür zur Rechenschaft ziehen wird, dass sie keine hinreichend guten Gründe sind. Ob wir es wollen oder nicht – wir sind als Handelnde *prinzipiell immer* darauf festgelegt, dass unsere Gründe als gute Gründe gelten können.

Unsere Maximen unterliegen also prinzipiell dem Anspruch, vernünftige Begründungen zu artikulieren. Und das ist nicht nur eine äußerliche Forderung. Auch für unsere eigene Perspektive auf unser Handeln gilt, dass wir uns unsere Gründe prinzipiell als gute Gründe vorstellen.

Das wird z. B. in einem Gedankenexperiment deutlich, das W. Quinn (1993) entwickelt hat. Quinn skizziert den Fall eines Mannes, der von dem Drang beherrscht ist, in jedem Raum, den er betritt, alle vorhandenen Radios anzuschalten. Das Eigenartige an diesem Mann ist, dass er selbst nichts Gutes darin zu sehen vermag: Weder mag er die Musik und die anderen Beiträge besonders, noch will er der Stille entkommen, noch schätzt er das Gefühl des Betätigens des Schalters. Wie Quinn zeigt, würden wir das Verhalten dieses Mannes höchstens als einen Grenzfall echten Handelns ansehen – und dem Manne selbst erginge es gewiss ähnlich. Wo wir unsere Neigungen nicht mit guten Gründen in Verbindung bringen können, wird unser Handeln ein uns fremdes Geschehen.

Das heißt natürlich nicht, dass wir immer urteilen, unser Handeln sei gut begründet. Oft ist uns klar, dass das nicht stimmt. Aber nicht einmal in diesen Fällen ergeht es uns wie dem Radio-Mann. Im Gegenteil: Die *Vorstellung*, dass eben *doch* die besten Gründe für unser Tun sprechen, begleitet uns, und sie kann so stark sein, dass sie uns wider unser besseres Urteil handeln lässt.[5]

Noch eine letzte wichtige Beobachtung: Vernünftige Begründungen, so Kant, sind niemals nur im Einzelfall vernünftig. Gute Gründe sind ja, wie gesagt, »Gründe[], die für jedes vernünftige Wesen, als solches, gültig sind« (s. o.). Auch das lässt sich leicht plausibel machen. Angenommen, ich möchte ein Auto kaufen und habe die Wahl zwischen zwei Exemplaren, A und B. Beide sind rot. Ich entscheide mich für A. Wenn man mich fragt, warum, dann kann ich zur Begründung offenkundig *nicht* sagen: »Ich nehme A und nicht B, weil A rot ist.« Diese Begründung ergibt keinen Sinn. Warum? Weil B ebenfalls rot ist, und weil gilt: *Wenn die rote Farbe im einen Falle ein Grund ist, dann ist sie es ebenso im anderen Falle.* Oder nehmen wir an, ich kaufe ein Auto, weil es rot ist. Zwei Tage später kauft auch mein Nachbar ein rotes Auto. Ich frage ihn, warum er dieses Auto gewählt hat. Er sagt: »Weil es rot ist.« Hier kann ich nicht sagen: »Das ist doch kein Grund.« Warum? Weil ich aus demselben Grund *mein* Auto gekauft habe, und weil gilt: *Wenn die rote Farbe in meinem Falle ein Grund ist, dann ist sie das auch im Falle meines Nachbarn.*

Wenn wir also in unseren Maximen Gründe sehen müssen, dann bedeutet das Kant zufolge einfach, dass wir in ihnen *generell* Gründe sehen müssen. Wir müssen sie als Gründe ansehen, die für alle Vernunftwesen und in allen vergleichbaren Situationen gute Begründungen sind. Kurzum: Wir müssen in unseren Maximen etwas sehen, »was allen Wesen auch subjec-

5 Eine überzeugende Verteidigung der These, dass zumindest die Vorstellung (*seeming*) einer guten Begründung zu jedem Handeln gehört (auch in Fällen von Willensschwäche etc.), formuliert Tenenbaum (2007).

tiv zum practischen Princip dienen würde, wenn Vernunft volle Gewalt über das Begehrungsvermögen hätte« (s. o.).

Dies sind also die handlungstheoretischen Annahmen, die Kants weiterer Argumentation in der *Grundlegung* zugrundeliegen: Unser Wille entscheidet sich für Maximen, und wir sind darauf festgelegt, in diesen Maximen Gesetze zu sehen – also Begründungen, die für alle vernünftigen Wesen in ähnlichen Umständen überzeugend wären.

Kehren wir nun zu Kants eigenem Argument zurück. Der bereits angekündigte »zweite Satz« lautet nun:

> [E]ine Handlung aus Pflicht hat ihren Wert *nicht in der Absicht*, welche dadurch erreicht werden soll, sondern in der Maxime, nach welcher sie beschlossen wird, hängt also nicht von der Wirklichkeit des Gegenstandes der Handlung ab, sondern blos von dem *Princip des Wollens*, nach welchem die Handlung, unangesehen aller Gegenstände des Begehrungsvermögens, geschehen ist. (IV: 399 f.)

Aus Kants bisheriger Argumentation haben wir gelernt, warum es nicht die Zielsetzung (also die »Absicht«) ist, die einem guten Willen Wert verleiht. Das zeigt der Fall des Menschenfreundes. Auch ein Akteur *mit* einem guten Willen wird ja gewiss mitunter Dinge tun, um Anderen zu helfen. Er kann also durchaus nach derselben Maxime handeln wie der Menschenfreund (z. B.: »Ich trage den Schrank, weil es Peter bei seinem Umzug hilft.«) Im Ziel, oder noch allgemeiner: im Inhalt dieser geteilten Maxime liegt der Unterschied zwischen den beiden Akteuren also nicht.

Was ist aber dann für Handeln aus Pflicht nötig? Kant sagt: Es geht um einen anderen Aspekt der »Maxime« des Handelns, nicht um die Zielsetzung, die sie benennt. Zudem muss die

Maxime »unangesehen aller Gegenstände des Begehrungsvermögens« das Handeln bestimmen. Auch das ist ein wichtiger Hinweis.

Betrachten wir wieder den Menschenfreund als Kontrastfall. Das Problem beim Menschenfreund ist ja nicht, dass er den falschen Zielen nachgeht. Es besteht darin, dass es die bloße Neigung ist, die ihn dieses Ziel wählen lässt. Genau das ist beim Akteur mit einem guten Willen anders: Er entscheidet sich, wie alle Akteure, für eine bestimmte Maxime, aber er fragt dabei eben nicht danach, ob bestimmte Ziele ihm besonders attraktiv erscheinen. Es ist keine Neigung zu konkreten Inhalten (»Gegenständen«) seiner Maxime, die seine Wahl leitet.

Ziehen wir kurz Bilanz: Kants zweiter Satz sagt uns, dass ein Akteur mit einem guten Willen seine Maxime nicht danach gewählt haben kann, dass er Neigung zu ihren Inhalten hat.

Wer aus Pflicht handelt, orientiert sich in der Wahl seiner Maxime also nicht daran, ob ihre spezifischen Inhalte (Gründe oder Zielsetzungen) ihm zusagen. Woran aber kann er sich dann orientieren? Kants Antwort: Wenn es nicht der Inhalt der Maxime ist, dann muss es ihre Form sein.

Wie ist das zu verstehen? Wir kennen bereits einen wichtigen Aspekt, den alle Maximen gemein haben: Sie sind Prinzipien, die der Akteur als Gesetze betrachten muss. Indem er die Inhalte dieser Maxime als vernünftige Begründungen behandelt, legt er sich ja darauf fest, sie als *allgemein* vernünftige Begründungen, eben als »objective Principien«, zu behandeln. Genau dies, so Kant, ist der entscheidende formale Aspekt, den alle Maximen als solche gemeinsam haben. (Es handelt sich dabei in dem Sinne um einen formalen Aspekt, dass er *inhaltlich unspezifisch* ist. Wenn wir nur wissen, dass eine Maxime den Charakter eines allgemeines Gesetzes hat, dann wissen wir damit noch nichts über ihren Inhalt.) Wenn nun der Akteur mit einem guten Willen sich nicht an den Inhalten orientieren soll, dann bleibt, so Kant, eigentlich nur noch eines, nach dem er fragen kann: »Erfüllt meine Maxime den Anspruch, mit dem sie *qua* Maxime notgedrungen auftritt? *Ist* das, was ich notgedrungen als allgemeines rationales Gesetz betrachte, *in der Tat* so ein Gesetz?«

Das, so Kant, ist letztlich das, was den Handelnden mit einem guten Willen auszeichnet. Während also z. B. der Menschenfreund eine Maxime wählt, weil ihr der Inhalt derselben gefällt, tut der Akteur mit einem guten Willen es deshalb, *weil* er in jener Maxime ein Gesetz erkennt. Er fragt also nach genau dem Aspekt, der einem Prinzip die spezifische Form einer Maxime gibt – eben ihrem Anspruch, ein objektiv vernünftiges Prinzip zu sein. Dies ist eine wichtige Pointe in der Theorie Kants: Der Menschenfreund und der Akteur mit einem guten Willen handeln unter Umständen aus denselben Gründen (etwa deshalb, weil ihr Tun jemandem Freude macht). Und in beiden Fällen sind diese Gründe auch gute, vernünftige Gründe. Aber nur der Handelnde mit einem guten Willen handelt aus diesen Gründen, *weil* er in ihnen gute, vernünftige Gründe erkennt.

Wir sind also zwar generell darauf festgelegt, unsere Maximen als Gesetze zu sehen. Aber nur der Akteur mit gutem Willen handelt nach einer Maxime, *weil* er darin ein Gesetz erkennt.

Damit sind wir am Ziel von Kants Argumentationsgang. Kant formuliert einen »dritten Satz«, den er als eine »Folgerung« aus den vorhergehenden Sätzen bezeichnet (IV: 400). Dieser dritte Satz lautet so: »*Pflicht ist die Nothwendigkeit der Handlung aus Achtung fürs Gesetz*« (IV: 400).

Dieser Satz kommt zunächst einigermaßen kryptisch daher. Aber bei näherer Betrachtung ist er nun nicht mehr so schwer zu verstehen. Der Gedankengang ist dieser: Das, was die Pflicht verlangt, muss einfach das sein, was ein Akteur, der »aus« Pflicht handelt, als entscheidendes Kriterium ansieht. Wir haben erfahren, dass dieses Kriterium sich so formulieren lässt: »Ist meine Maxime ein Gesetz?« Die Pflicht ist demnach nichts anderes als dasjenige Gebot, das genau derjenige befolgt, der auf den Gesetzescharakter seiner Maxime achtgibt. Für ein Gebot benutzt Kant auch den Ausdruck »Nothwendigkeit«; damit meint er natürlich etwas *praktisch* Notwendiges, etwas, das wir nicht aus naturgesetzlichen, sondern aus rationalen Gründen tun *müssen*. Pflicht ist also diejenige »Nothwendigkeit«, die sich demjenigen mitteilt, der »aus Achtung fürs Gesetz« handelt – also das Gebot, das der befolgt, der fragt: »Ist meine Maxime ein Gesetz?«

Der dritte Satz besagt also, dass die Pflicht genau das Gebot sein muss, das man beachtet, indem man sich am Gesetzescharakter von Maximen orientiert. Damit wissen wir genug, um den Inhalt der Pflicht zu erfassen: Die Pflicht verlangt einfach, sich nur solche Maximen zu eigen zu machen, die Gesetze sind. Dies – oder jedenfalls *fast* genau dies – sagt Kants erste Formulierung des Sittengesetzes: »[I]ch soll niemals anders verfahren, als so, *daß ich auch wollen könne, meine Maxime solle ein allgemeines Gesetz werden*« (IV: 402). Der aufmerksame Leser merkt aber, dass Kants Formulierung etwas komplizierter ist. Wir sollen nicht fragen: »Ist meine Maxime ein Gesetz?«, sondern: »Kann ich wollen, dass sie Gesetz ist?« In Kap. 6 werde ich erklären, was genau es mit dieser Komplikation (vgl. hier S. 44) auf sich hat. Für den Moment können wir den Unterschied aber vernachlässigen.

Damit verstehen wir also Kants »zweiten« und »dritten« Satz. Diese beiden Sätze formulieren seine Begründung für das, was wir oben die dritte Prämisse im gesamten Argument genannt haben. Wir kennen also Kants Begründung für diese These: Wenn ein Akteur aus Pflicht handelt, dann muss diese Pflicht einen ganz bestimmten Inhalt haben – eben den des Sittengesetzes. Die Begründung ist, um kurz zu rekapitulieren, die folgende: Wer aus Pflicht handelt, der handelt nicht aus Neigung. Speziell kann er also nicht deshalb handeln, weil die konkreten Inhalte seiner Maxime (etwa die benannten Ziele und Gründe, etc.) ihm gefallen. Seine Beurteilung der Maxime muss davon unabhängig sein. Sie wird sich also ganz auf das konzentrieren, was eine Maxime unabhängig von ihrem Inhalt zur Maxime macht – also auf ihren Anspruch, Gesetz zu sein. Die Pflicht kann folglich nur diejenige sein, sein Handeln danach zu richten, ob eine Maxime Gesetz ist.

Mit diesem letzten Schritt kennen wir Kants dritte Prämisse. Und wir verstehen also nun die vollständige Struktur seines Arguments. Wir gelangen zuerst von unserer allgemeinen Vorstellung von Wert zu einem unbedingt guten Willen (Prämisse 1). Dann gelangen wir vom unbedingt guten Willen zum Handeln aus Pflicht (Prämisse 2). Und vom Handeln aus Pflicht schließlich gelangen wir zum Inhalt der Pflicht selbst (Prämisse 3). Folglich legt schon unsere Vorstellung von Wert uns auf den Inhalt der Pflicht fest. Da die Vorstellung davon, dass etwas wertvoll ist, ohne Frage Teil unserer Vorstellung von Moral ist, haben wir den Inhalt der Pflicht aus unserer Vorstellung von Moral selbst entwickelt – so jedenfalls Kants Anspruch. Das zeigt: Wenn es eine gültige Moral gibt, dann hat die moralische Pflicht den Inhalt des Sittengesetzes.

5 Der kategorische Imperativ – Das Argument in Teil 2 der *Grundlegung*

Kant liefert noch andere Argumente dafür, dass das Sittengesetz tatsächlich den soeben dargestellten Inhalt hat. Wir sehen uns nun ein weiteres Argument an, das sich in Abschnitt 2 der *Grundlegung* findet.

Kant versucht hier, den *Inhalt* der moralischen Pflicht aus dem *Begriff* dieser Pflicht abzuleiten. Wir müssen also nur wissen, was eine moralische Pflicht als solche ausmacht, um zu wissen, was so eine Pflicht inhaltlich besagt. Er stellt dabei zunächst fest, dass alle praktischen Grundsätze, an denen wir uns orientieren, eine spezielle Form haben. Sie werden durch »Sollen« ausgedrückt oder sind »Imperative« (vgl. IV: 413). Das ist sicher richtig. Stehen wir vor Entscheidungen, fragen wir: »Was *soll* ich tun?«, nicht: »Was *werde* ich wohl tun?« Antworten auf die erste Frage, also Entscheidungen, müssen folglich Sollensaussagen sein.

In der Klasse dieser Imperative gibt es nun aber eine zentrale Unterscheidung. Einige von ihnen betreffen uns nur insofern, als wir bestimmte Ziele erreichen wollen. Wenn man mir zum Beispiel am Bahnhof zuruft: »Du solltest dich beeilen, der letzte Zug kommt gleich!«, dann muss ich dieses Sollen nur akzeptieren, wenn ich den Zug in der Tat erreichen *möchte*. Wenn ich dem Zurufer antworten kann: »Danke, aber ich will gar nicht zum Zug«, dann wird dieser kaum darauf bestehen, dass ich mich trotzdem beeilen sollte. Solche Imperative, deren Sollensanspruch durch Ziele des Akteurs bedingt ist, bezeichnet Kant auch als *hypothetische Imperative* (vgl. IV: 414).

Manche hypothetischen Imperative hängen dabei, wie in diesem Beispiel, von Zielen ab, die manche Menschen haben mögen, manche aber auch nicht. Andere Imperative haben es mit Zielen zu tun, die alle Menschen notwendig miteinander teilen. Kant nennt etwa die eigene Glückseligkeit. Wenn es z. B. gut für uns alle ist, gesund zu leben, dann wäre »Lebe gesund!« ein hypothetischer Imperativ, dessen Bedingung für uns alle gilt. Auch diese Imperative beruhen jedoch auf einer Zielsetzung, wenn auch einer, die universal geteilt ist. Auch sie sind also hypothetischer Natur.

Von allen diesen Imperativen scharf zu unterscheiden sind solche Imperative, die *keinerlei* Ziele seitens des Akteurs zur Bedingung haben. Sie gelten *unbedingt* – und das ist etwas anderes, als unter einer universal erfüllten Bedingung zu gelten. Pointiert gesagt: Diese Imperative scheren sich nicht um unsere Ziele, sondern gebieten einfach so. Kant nennt sie *kategorisch*. Wie er schon in der Vorrede (vgl. IV: 389) erläutert, ist damit generell eine Unabhängigkeit von allen Bedingungen gemeint, die kontingenter Weise nur für manche Vernunftwesen gelten. So wenig, wie also eine Veränderung der eigenen Ziele ihre Gültigkeit außer Kraft setzen kann, können andere Eigenarten (wie z. B. die Zugehörigkeit zu einer Kultur) ihre Verbindlichkeit einschränken.

Kant meint nun, dass moralische Vorschriften die Form kategorischer Imperative haben. Wenn die Moral etwas von Ihnen verlangt, dann gibt es nicht die Möglichkeit, den Sollensanspruch abzuweisen, indem Sie darauf verweisen, dass Sie andere Pläne haben (wie im Fall des Zuges). Und anders als bei universal geltenden hypothetischen Imperativen gibt es auch nicht *im Prinzip* die Möglichkeit, die Geltung zu hinterfragen, indem Sie probehalber das Ziel in Frage stellen.

Es ist diese Bestimmung, ein kategorischer Imperativ zu sein, die es Kant zufolge möglich machen soll, auf den Inhalt des Sittengesetzes zu schließen. Kant glaubt also, dass »der bloße Begriff eines categorischen Imperativs auch die Formel desselben an die Hand gebe« (IV: 420).

Wie geht Kant vor? Wenn es sein Ziel ist, den Inhalt eines kategorischen Imperativs aus dem *Begriff* desselben herzuleiten, dann muss in dieser Herleitung mindestens ein analytischer Satz eine wichtige Rolle spielen. (Sätze sind analytisch, wenn sie nur den Inhalt der verwendeten Begriffe ausbuchstabieren – wie in: »Alle Pianisten sind Musiker«.) Dieser Satz wird nicht genannt, wird aber als Ausgangspunkt des Arguments vorausgesetzt. Er lautet: Ein kategorischer Imperativ ist ein allgemeines, für jeden gültiges Gesetz. Das ergibt sich in der Tat aus dem Begriff des kategorischen Imperativs, wie er gerade erläutert wurde. Ein Imperativ, dessen Gültigkeit durch keine Bedingung eingeschränkt ist, gibt niemandem die Möglichkeit, sich durch Hinweis auf Besonderheiten des eigenen Falles zu entziehen. Der nächste Schritt ist dann tautologisch (d. h. wahr allein aus logischen Gründen): Ein allgemeines Gesetz kann offenkundig nur das fordern, was von einem allgemeinen Gesetz gefordert werden kann. Da ein kategorischer Imperativ, wie gesagt, ein allgemeines Gesetz ist, folgt also, dass er nur das fordern kann, was als Gegenstand eines allgemeinen Gesetzes taugt.

Genau das, so Kant, ist aber auch schon die *einzige* Bedingung, die ein kategorischer Imperativ stellt. Jede weitergehende inhaltliche Bestimmung würde demgegenüber immer nur auf hypothetische Imperative führen. Wenn der kategorische Imperativ fordern würde: »Tue das, was XY ist!«, dann könnten wir zumindest im Prinzip seine Geltung in Frage stellen, indem wir das Ziel in Frage stellen, zu tun, was XY ist. Die *einzige* Forderung, die von solchen spezifischen Zielen unabhängig ist, ist eine, die jedem allgemeinen Gesetz als solchem sozusagen eingebaut ist. Kant formuliert diesen Schluss wie folgt:

> [D]a der [kategorische] Imperativ außer dem Gesetze nur die Nothwendigkeit der Maxime enthält, diesem Gesetze gemäß zu seyn, das Gesetz aber keine Bedingung enthält,

> auf dies es eingeschränkt war, so bleibt nichts, als die Allgemeinheit eines Gesetzes überhaupt übrig, welchem die Maxime der Handlung gemäß sein soll [...]. (IV: 420 f.)

Diese Herleitung ist genau jene, die gerade beschrieben wurde. Der Kern der Herleitung ist in der Tat eine Aussage darüber, was der kategorische Imperativ (gemeint ist: der Begriff desselben) analytisch »enthält«, und dies sind erstens die Eigenschaft, ein Gesetz zu sein, und zweitens die daraus resultierende Forderung, zum Gegenstand eines solchen Gesetzes zu taugen. Kant schließt:

> Der categorische Imperativ ist also nur ein einziger, und zwar dieser: *handle nur nach derjenigen Maxime, durch die du zugleich wollen kannst, daß sie ein allgemeines Gesetz werde.* (IV: 421)

6 Die Gesetzesformel

Wir sind bisher zwei von Kants zentralen Argumenten gefolgt. Sie sollen beide zeigen, dass das moralische Gesetz nur einen bestimmten Inhalt haben kann, der lautet:

> [I]ch soll niemals anders verfahren, als so, *daß ich auch wollen könne, meine Maxime solle ein allgemeines Gesetz werden.* (IV: 402)

Dies ist wohl die prominenteste Formulierung, die Kant dem kategorischen Imperativ gibt. (Wir werden in Kap. 10 und 11 sehen, dass Kant weitere Formulierungen dieses kategorischen Imperativs entwickelt.) Diese Formulierung wird oft als die »Gesetzesformel« bezeichnet. Wir befassen uns deshalb nun etwas eingehender mit dieser Formel (und einer verwandten Formel, s. u.).

Zunächst gibt es, wie bereits angekündigt, einige Komplikationen zu berücksichtigen. Kants Argumente (speziell aus dem ersten Abschnitt der *Grundlegung*, siehe oben, Kap. 2–4) lassen ja erwarten, dass die Pflicht darin besteht, nur nach Maximen zu handeln, die Gesetze *sind.* Aber wir finden in Kants Formulierung eben eine andere Klausel: »... *daß ich auch wollen könne, meine Maxime solle ein allgemeines Gesetz werden*«. Wieso nicht nur: »... dass meine Maxime ein Gesetz ist«?

Erinnern wir uns an den obigen Befund: Ein Akteur mit moralisch gutem Willen handelt genau deshalb auf eine bestimmte Weise, weil er bestimmte Gesetze als gültig betrachtet. Aber was heißt es, ein Gesetz als gültig zu betrachten? Kant zufolge schließt dies einen Zustand unseres Willens ein, den er »Nöthigung des Willens« nennt (vgl. IV: 417). Ein praktisches Gesetz als gültig zu betrachten heißt ja zunächst, zu bejahen, dass alle vernünftigen Wesen so handeln sollen. Ein

Sollen zu bejahen heißt aber, so Kant, es auch zu wollen. Kant ist Verfechter einer Doktrin, die heute oft »Internalismus« genannt wird. Sie besagt, dass das Bejahen eines normativen Inhalts auch eine praktische Sache ist. Wer bejaht, dass etwas getan werden soll, ohne dabei im geringsten motiviert zu sein, es zu tun, der leistet ein bloßes Lippenbekenntnis. Ein Sollen zu bejahen, so Kant, muss immer einschließen, den entsprechenden Inhalt auch praktisch zu bejahen – ihn zu wollen. (Natürlich kann eine andere Neigung immer noch stärker sein. Aber es bedeutet auf jeden Fall, dass jede solche Neigung unser Urteil nur »gegen unseren Willen« überwältigen kann.)

Darin liegt also das Kriterium, das in der *Grundlegung* identifiziert wird: eine Maxime als Gesetz zu *bejahen*. Und das schließt ein, zu *wollen*, dass alle Vernunftwesen entsprechend handeln. Der gute Wille will solche Gesetze. Das erklärt, warum im Sittengesetz nicht nur davon die Rede ist, ob eine Maxime ein Gesetz *ist*, sondern ob dies *gewollt* wird. Es genügt nicht, in einer Maxime das vernünftige Gesetz zu »sehen«, wenn man dann schließlich doch, wie der Menschenfreund, bloß von seiner Lust an guten Taten getrieben wird. Um aus Pflicht zu handeln, muss das eigene Handeln daher kommen, dass man das Gesetz bejaht. Das ist Teil dessen, was die Pflicht verlangt.

Aber die obige Formulierung ist ja noch komplizierter. Warum wird nicht gefordert, dass man seine Maxime als Gesetz *wollen* soll – sondern, dass man sie wollen *können* soll? Die Antwort liegt Kant zufolge in unserer Beschränktheit: Unser eigenes Wollen ist für uns nie ganz erkennbar. Es ist, so Kant,

> schlechterdings unmöglich, durch Erfahrung einen einzigen Fall mit völliger Gewißheit auszumachen, da die Maxime einer ansonsten pflichtmäßigen Handlung lediglich auf moralischen Gründen und auf der Vorstellung seiner Pflicht beruhet habe. (IV: 407)

Wenn wir prüfen müssten, ob unser Wille wirklich nur von der Vernünftigkeit unserer Maxime (also ihrem Gesetzescharakter) geleitet ist, dann müssten wir uns selbst durchsichtiger sein, als wir es sind. Nichts ist leichter, als die Redlichkeit und Reinheit der eigenen Motive falsch einzuschätzen. Allerdings stehen wir auch nicht ganz ohne jede Möglichkeit da, unsere Gründe zu prüfen. Es gibt, so Kant, zwei Dinge, die wir auch dann prüfen können, wenn uns die direkte Einsicht in die Vernünftigkeit des eigenen Willens fehlt:

Erstens, so Kant, können wir fragen, ob der Gedanke, dass eine Maxime ein allgemeines Gesetz sei, überhaupt Sinn ergibt. Tatsächlich ist es nämlich oft gar nicht *denkbar*, dass alle Vernunftwesen nach unserer Maxime handeln *könnten*. Wenn dem so ist, dann können wir die Maxime auch nicht deswegen gewählt haben, *weil* wir sie als allgemeine Gesetze bejahen.

Zweitens ist es bei manchen Maximen, so Kant, zwar denkbar, dass alle Vernunftwesen so handeln. Es lässt sich aber zugleich zeigen, dass unser Wollen dieser Möglichkeit widersprechen muss. Wir können nicht wollen, dass diese Maximen Gesetze sind – jedenfalls nicht konsistenter Weise, ohne dass unser Wille mit sich selbst in Widerspruch gerät.

In beiden Fällen können wir feststellen: Unsere positive Einschätzung der Maxime kann sich nur auf unseren eigenen Fall beschränken. Wir können die Maxime nur für unseren Fall bejahen – entweder aus dem Grund, weil es gar keine Möglichkeit gibt, sich die Maxime als Gesetz zu denken, oder, weil es sich für unseren Willen dennoch verbietet, diese Maxime als ein Gesetz zu bejahen. Beides zeigt, dass wir nicht deshalb handeln würden, weil wir die Maxime als Gesetz akzeptieren. Kant selbst beschreibt diese beiden Möglichkeiten wie folgt:

> Einige Handlungen sind so beschaffen, daß ihre Maxime ohne Widerspruch nicht einmal als allgemeines Naturge-

> setz *gedacht* werden kann; weit gefehlt, daß man noch *wollen* könne, es *sollte* ein solches werden. Bey anderen ist zwar jene innere Unmöglichkeit nicht anzutreffen, aber es ist doch unmöglich, zu *wollen*, daß ihre Maxime zur Allgemeinheit eines Naturgesetzes erhoben werde, weil ein solcher Wille sich selbst widersprechen würde. (IV: 424)

Kant-Forscher unterscheiden diese beiden Fälle als den Fall des *Widerspruchs im Denken* (erster Fall) und den Fall des *Widerspruchs im Wollen* (zweiter Fall). Ich werde beide Fälle genauer erläutern und beginne mit dem ersten. Wie kann es sein, dass wir uns eine Maxime nicht einmal als ein Gesetz denken können? Wenn die Vernunft von allen vernünftigen Wesen verlangt, in einer bestimmten Situation nach einer bestimmten Maxime zu handeln, dann muss es ja immerhin *möglich* sein, dass alle vernünftigen Wesen in dieser Situation tatsächlich nach dieser Maxime handeln. Niemand, nicht einmal die Vernunft, kann verlangen, was nicht möglich ist. Um zu prüfen, ob eine Befolgung einer Maxime universal rational geboten sein kann, können wir also fragen, ob eine universale Befolgung dieser Maxime *überhaupt möglich* ist.

Kant nutzt dabei den Umstand, dass man in (mindestens) zwei Bedeutungen von Gesetzen sprechen kann. Seine Definition ist ja, wie oben gesagt, zunächst normativ. In diesem Sinne ist ein Gesetz ein Vernunftgesetz und spezifiziert »Gründe[], die für jedes vernünftige Wesen, als solches, gültig sind« (IV: 413). Aber Kant schlägt nun vor, dass wir die Tauglichkeit einer Maxime zum Gesetz in dem Sinne prüfen, dass wir uns vorstellen, alle Vernunftwesen würden sie *de facto* ausnahmslos befolgen. Kant selbst weist darauf hin, dass *diese* Vorstellung eines Gesetzes eher die deskriptive Idee einer strengen Regelmäßigkeit ist, nicht aber die normative Idee einer allgemeingültigen Vorschrift.

Er bietet daher, wie angekündigt, sogar eine alternative Formulierung des kategorischen Imperativs an, nämlich die sog. »Naturgesetzesformel«:

> Handle so, als ob die Maxime deiner Handlung durch deinen Willen zum allgemeinen Naturgesetz werden sollte (IV: 421)

Wenn wir uns unsere Maxime nicht als ein Gesetz im deskriptiven Sinne (also als ein Naturgesetz) denken können, dann können wir uns diese Maxime erst recht nicht als ein Gesetz im normativen Sinne denken.[6] Und schon gar nicht kann dann davon die Rede sein, dass wir sie als ein solches Gesetz bejahen.

Kant argumentiert nun, dass diese Bedingung sehr leistungsfähig ist. Fragen wir uns doch, ob unsere Maxime ein allgemeines Gesetz sein könnte. Diese Frage ist uns auch aus unserem moralischen Alltagsdiskurs vertraut: »Was, wenn das jeder so machte?« Kant zufolge stellen wir bei vielen Handlungen fest, das wir schon ins Stocken geraten, wenn wir uns überhaupt *vorzustellen* versuchen, jeder handelte so. Einleuchtende Beispiele sind Handlungen, die ein bestimmtes System von Institutionen und Konventionen erfordern, welche ihrerseits wiederum nur funktionieren, wenn Leute in der Regel nicht so handeln, wie es die Maxime beschreibt. Ein Beispiel kennen wir bereits: das Schwarzfahren (vgl. Kap. 1). Schwarzfahren *kann* man nur in einer Einrichtung, zu der man in Form von Eintritt beitragen muss. In einer Welt, in der regelmäßig niemand zahlt, würde es solche Einrichtungen nicht

6 Dieser Schritt wird in aller Deutlichkeit bei der Darstellung der »CI-Procedure« bei J. Rawls erfasst. Er entspricht bei Rawls dem Übergang vom zweiten zum dritten Schritt in seinem vierschrittigen Modell (vgl. Rawls 2000, S. 168).

geben. Daher ergibt schon die Idee, alle Wesen *könnten* ständig schwarzfahren, bei genauer Betrachtung gar keinen Sinn. Sobald wir uns vorzustellen versuchen, dass alle so handeln, fehlt gleich eine Voraussetzung für dieses Handeln.

Kant selbst untersucht nicht den Fall des Schwarzfahrens, aber er argumentiert ganz analog für andere Fälle. Er betrachtet in der *Grundlegung* einen Fall eines falschen Versprechens, nämlich die Maxime:

> [W]enn ich mich in Geldnoth zu seyn glaube, so will ich Geld borgen, und versprechen es zu bezahlen, ob ich gleich weiß, es werde niemals geschehen. (IV: 422)

Wieder gilt: Stelle ich mir vor, diese Maxime sei ein allgemeingültiges Gesetz, so stoße ich auf eine Schwierigkeit. Ein solches Gesetz, so Kant,

> würde das Versprechen und den Zweck, den man damit haben mag, selbst unmöglich machen, indem niemand glauben würde, daß ihm was versprochen sey, sondern über alle solche Äußerung, als eitles Vorhaben, lachen würde. (IV: 422)

Versprechen funktionieren nur dort, wo Menschen sich im Großen und Ganzen auf sie verlassen können. Es ist ungereimt, sich vorzustellen, dass wir alle immerzu nur falsche Versprechen geben.

Allerdings ist unter Kant-Forschern umstritten, wie *genau* der Widerspruch im Denken zu verstehen ist. Kant selbst lässt verschiedene Weisen zu, wie die Verallgemeinerung einer Maxime auf einen Widerspruch im Denken führen kann. Schon die eben zitierte Passage enthält eigentlich verschiedene Kriterien: Ein Gesetz, falsche Versprechen zu geben, »würde das

Versprechen und den Zweck, den man damit haben mag, selbst unmöglich machen« (s. o.). Hier sind gleich *zwei* Gedanken im Spiel. Ein *erster* Gedanke Kants scheint zu sein, dass in einer Welt, in der dieses Gesetz gilt, ein Versprechen *selbst* unmöglich wäre. Wenn ohnehin niemand dem anderen traut, gibt es gar keine Institution des Versprechen-Gebens. In diesem Sinne würde unsere Vorstellung sogar einen begrifflichen Widerspruch ergeben. Wir beschreiben Handlungen als »falsche Versprechen«, wobei sich aus unserer eigenen Schilderung ergibt, dass sie gar keine solchen sein können.

Die obige Passage enthält jedoch noch einen *zweiten* Gedanken: In einer Welt, in der jedermann falsche Versprechen gibt, wann immer es ihm passt, könnte ich den *Zweck*, den ich anstrebe, durch ein Versprechen gar nicht erreichen. Über den Versuch, durch ein Versprechen an Geld zu kommen, würde »als eitles Vorhaben gelacht« (s. o.). Aber worin besteht dabei der Widerspruch? Es zeigt sich, dass ich mir nicht ohne Widerspruch *zugleich* vorstellen kann, dass meine Maxime Gesetz ist, *und* dass ich durch das Handeln nach meiner Maxime meinen Zweck erreiche. Da mein Handeln nach meiner Maxime aber zeigt, dass ich ein falsches Versprechen sehr wohl als Mittel dazu ansehe, meinen Zweck zu erreichen, folgt, dass ich mir Widersprüchliches denke, wenn ich mir zugleich denken soll, dass alle Menschen immer falsche Versprechen geben.

Diese beiden Deutungen des Widerspruchs im Denken bezeichnet Christine Korsgaard in einem einflussreichen Text als die *logical contradiction interpretation* und die *practical contradiction interpretation*.[7] Es gibt eine angeregte Diskussion

7 Vgl. ihren Aufsatz über die Gesetzesformel, Korsgaard (1996a). Korsgaard (ibid., 87 ff.) unterscheidet außerdem noch eine dritte Interpretation, die sie die *teleological contradiction interpretation*

um die richtige Deutung des Widerspruchs.[8] Ich bin jedoch nicht der Meinung, dass diese Frage wirklich entscheidend ist. Kant selbst lässt ja freimütig verschiedene Weisen gelten, auf die eine verallgemeinerte Maxime auf einen Widerspruch im Denken führen kann. Diese liberale Haltung ist wohlbegründet. Kants moralische Grundidee ist ja einfach diese: Ich muss ausschließen, dass mein Vorhaben essentiell voraussetzt, dass andere Menschen sich stärker beschränken als ich (s. u.). Für dieses zentrale Kriterium ist es nicht sehr wichtig, *auf welche Weise* sich die Vorstellung als unhaltbar entpuppt, dass alle Vernunftwesen genau so handeln wie ich.

Wir sollten aber von einer Voraussetzung Notiz nehmen, die Kant zu machen scheint: Wenn wir uns vorzustellen versuchen, dass unsere Maxime ein Gesetz ist, dann müssen wir uns auch vorstellen, dass es *geteiltes Wissen* unter allen Vernunftwesen ist, dass sie ein Gesetz ist.[9] Warum sonst sollte ich davon ausgehen, dass Andere mein Versprechen als »eitles Vorhaben« auslachen?

nennt. Hier bestünde der Widerspruch zwischen unserer verallgemeinerten Maxime und dem, was wir über die Natur als ein zweckmäßig organisiertes Ganzes wissen. Diese Deutung spielt für manche Interpreten eine wichtige Rolle, etwa für Paton (1947). In Kap. 7 werden wir ein Argument Kants diskutieren, dass in der Tat diese Deutung nahelegt.

8 Viele Autoren befürchten, dass eine zu unspezifische Deutung des Widerspruchs im Denken viele Fälle unplausibler Gebote oder Verbote zur Konsequenz hätte. Ich diskutiere solche Probleme in Kap. 14 und 15. Wie ich dort darstellen werde, sind wir zur Lösung solcher Probleme nicht darauf angewiesen, besondere Beschränkungen für den Begriff des Widerspruchs (oder für andere Begriffe, etwa den einer Maxime) einzuführen.

9 Auch hier ist es Rawls, der diesen Aspekt des Verfahrens betont. Siehe Rawls (2000) S. 171 ff.

Es gibt verschiedene Wege, diesen Aspekt des Verfahrens zu rechtfertigen. Man könne einfach sagen, dass Menschen irgendwann durch Erfahrung lernen. Aber Kants Argumentation ergibt auch eine weitere Begründung für diese Voraussetzung. Als vernünftige Wesen machen wir uns nur das zur Maxime, was wir in unserer Situation als eine *vernünftige* Handlungsweise ansehen (s. Kap. 4). Aber je vernünftiger uns unsere Maxime erscheint, desto weniger dürfen wir davon ausgehen, dass andere Vernunftwesen nicht auf dieselbe Idee kommen. Die *Vernünftigkeit*, die wir als Vernunftwesen Gesetzen zuschreiben müssen, gibt uns Grund, sie als *Allgemeingut* anzusehen.

Betrachten wir nun Kants zweites Kriterium. Kant geht, wie gesagt, davon aus, dass wir manche Maximen auch dann nicht als allgemeine Gesetze wollen können, wenn wir sie uns durchaus als solche vorstellen können. Betrachten wir also die Frage, was wir wollen können, etwas genauer.

Man mag versucht sein, zu sagen, dass wir *alles* wollen können. Aber Kant hat einen bestimmten Begriff des Willens im Sinne (den er aus der antiken Tradition, speziell aus der Theorie der *prohairesis* aus Aristoteles' *Nikomachische Ethik* und der Stoa, übernimmt). Wollen ist für Kant eine spezielle Einstellung, die sich in vielen Hinsichten vom bloßen Wünschen unterscheidet. Eine Handlung zu wollen bedeutet, sie zu *wählen* oder sich auf sie *festzulegen*. Das hat eine wichtige Konsequenz. Für Wollen in diesem Sinne gilt nämlich eine Bedingung der logischen Konsistenz. Wenn ich mich abschließend darauf festlege, dass etwas Bestimmtes der Fall sein soll, dann lege ich mich auch darauf fest, dass alles passiert, was notwendig damit zusammenhängt. Kant bemerkt entsprechend:

> Wer den Zweck will, will (so fern die Vernunft auf seine Handlungen entscheidenden Einfluß hat) auch das dazu unentbehrlich nothwendige Mittel, das in seiner Gewalt ist. Dieser Satz ist, was das Wollen angeht, analytisch; denn in dem Wollen eines Objects, als meiner Wirkung, wird schon meine Causalität, als handelnde Ursache, d. i. der Gebrauch der Mittel gedacht […]« (IV: 417)

Ein Wollen betrifft, so kann man sagen, immer ein *vollständiges Bild*, das alle notwendigen Bedingungen umfasst. Nehmen wir folgendes Beispiel: Angenommen, ich würde gerne ein bestimmtes Buch kaufen, aber dazu müsste ich meine Ersparnisse anbrechen. In dieser Situation können meine *Wünsche* nun in verschiedene Richtungen weisen: Ich wünsche mir, das Buch zu kaufen *und* meine Ersparnisse unangetastet zu lassen. Aber wenn ich mich entschließen muss, was ich denn nun *will*, gibt es diese Option nicht. Wenn ich beschließe, dass ich mein Erspartes nicht anrühren will, dann nimmt mein Wille notgedrungen auch Abstand davon, das Buch zu kaufen.

Damit wird klarer, was Kant im Sinn hat. Es gibt Bedingungen für rationales Wollen, und mitunter können wir etwas nicht wollen, ohne diese Bedingungen zu verletzen. Sehr deutliche Beispiele finden wir dabei zunächst in denjenigen Fällen, die wir oben betrachtet haben – nämlich Fällen, in denen sich bereits ein Widerspruch im Denken ergibt. Kant selbst betont ja, dass bei einem Widerspruch im Denken *auch* das Wollen einer Maxime als allgemeines Gesetz unmöglich sei. (Man erinnere sich an das obige Zitat: »weit gefehlt, daß man noch *wollen* könne, es *sollte* ein solches werden«, IV: 424.) Ich kann demnach im Zusammenhang mit dem Beispiel des falschen Versprechens nicht wollen, dass alle Vernunftwesen falsche Versprechen geben, weil ich *gleichzeitig* einen bestimmten Zweck erreichen will, der sich dann nicht mehr realisieren ließe. Weil beides zugleich nicht einmal *denkbar* ist, ist es darüber hinaus nichts, was man rational *wollen* kann. (Dieser Fall ist dem Widerspruch analog, der sich ergeben würde, wenn ich ein Buch kaufen *und* auch das Geld sparen wollte.)

Wie haben wir uns demgegenüber einen Widerspruch im Wollen *ohne* Widerspruch im Denken vorzustellen? Nun, in den zuvor skizzierten Fällen würde eine Maxime es als allgemeines Gesetz unmöglich machen, *den* Zweck zu erreichen, den *sie selbst* benennt. Wenn ich also etwa ein allgemeines Gesetz des falschen Versprechens will, dann kann ich nicht mehr gleichzeitig das Ziel wollen, das meine Maxime mit meinem falschen Versprechen verbindet (z. B. mich aus Geldnot zu retten). Genau in diesem Sinne liegt ein »innerer« Widerspruch vor. Geht es nun hingegen um einen reinen Widerspruch im Wollen, dann würde die Maxime als Gesetz einem *anderen* Zweck widersprechen als dem, den sie selbst benennt – aber doch einem Zweck, den ich wollen muss.

An dieser Stelle ist es wichtig, Kant genau beim Wort zu nehmen, wenn er sagt, der Wille widerspreche »sich selbst«. Der grundlegende Gedanke ist nämlich, dass ein Wille seiner Natur nach darauf festgelegt ist, bestimmte Dinge zu bejahen. Das Wollen einer Maxime als allgemeines Gesetz steht dann zu diesen konstitutiven Zielen eines Willens im Widerspruch.[10]

Betrachten wir ein Beispiel Kants für einen Widerspruch im Wollen, und zwar den Verzicht auf Wohltätigkeit: Er stellt sich einen Akteur vor, der es sich zur Maxime macht, niemals Hilfe zugunsten Anderer zu leisten. Dieser Akteur ist nicht darauf aus, einem anderen Menschen zu schaden; »nur zu seinem Wohlbefinden, oder seinem Beystande in der Noth, [hat er] nicht Lust, etwas beyzutragen« (IV: 423). Kant gesteht nun zu,

10 Auch diese Deutung findet sich bei Korsgaard (1996a) S. 96 f.

dass es vorstellbar ist, dass diese Maxime der Nicht-Wohltätigkeit ein allgemeines Gesetz wird. Wir haben es dann mit einer Welt zu tun, in der Menschen ihre Projekte verfolgen, ohne einander je zu helfen. Wo liegt der Widerspruch? Kant sagt: Ein Wille, der die Maxime als allgemeines Gesetz bejaht,

> würde sich selbst widerstreiten, indem der Fälle sich doch manche eräugnen [ereignen] können, wo er anderer Liebe und Theilnehmung bedarf, und wo er [...] sich selbst alle Hoffnung des Beystandes, den er sich wünscht, rauben würde. (IV: 423)

Kant geht hier davon aus, dass *jeder* Wille Unterstützung (für den Fall, dass sie nötig ist) bejaht. Diesem natürlichen Ziel eines jeden Willens widerspricht die verallgemeinerte Maxime des Akteurs. Wieso darf Kant aber einfach voraussetzen, dass ein Wille dann, wenn Hilfe für seine Ziele nötig ist, diese auch wollen muss? Dazu müssen wir uns wieder an seine Konzeption des Willens erinnern. Wie gesagt: Wer ein bestimmtes Ziel erreichen will, der will notwendigerweise auch, dass das eintritt, was dazu nötig ist. Man kann im Sinne Kants ergänzen: Wer ein bestimmtes Ziel erreichen will, der kann auch nicht der Frage gegenüber gleichgültig sein, ob etwas eintritt, das dazu absehbar nötig werden *könnte*. Und das heißt: Man kann nicht einerseits ein Ziel erreichen wollen *und* gleichzeitig gleichgültig in der Frage sein, ob man Hilfe bekommt, wenn sie nötig ist. Auf solche Hilfe zu verzichten hieße, auf das Ziel zu verzichten – es also nicht mehr zu wollen.

Daher liegt es gewissermaßen im Wesen des Willens, unter bestimmten Umständen auch Hilfe und Unterstützung zu wollen. Diesem (quasi »eingebauten«) Ziel des Willens widerspricht aber ein allgemeines Gesetz der Nicht-Unterstützung. In diesem Sinne gerät ein Wille, der so ein Gesetz bejaht, in

Widerspruch mit sich selbst – mit etwas, das er als Wille ebenso bejahen muss.

Gewiss kann es Akteure geben, die sich Ziele setzen, die sie unbedingt *ohne fremde Hilfe* erreichen wollen. (Wer kleine Kinder hat, weiß, wie wichtig es ihnen sein kann, bestimmte Dinge allein zu schaffen.) Aber diese Fälle sind komplexer, als es zunächst den Anschein hat. Auch ein solcher Handelnder muss durchaus wollen, dass sein Ziel von Anderen geachtet und als ein Grund behandelt wird – nämlich z. B. als ein Grund, *nicht* aus vermeintlicher Wohltätigkeit unterstützend einzugreifen. Auch hier muss also das eigene Ziel als etwas betrachtet werden, das von Anderen befördert zu werden verdient – und sei es auch durch eine Unterlassung. Außerdem gilt, dass auch ein solcher Handelnder nicht ausschließen kann, dass er langfristig irgendwann auch andere Ziele hat – Ziele, die er unbedingt erreichen will, zur Not auch mit Hilfe. Auch dies zählt gewiss zu den »mancherlei Dingen«, die sich Kant zufolge »eräugnen« könnten. Ein Wille, der diese zukünftigen Möglichkeiten nicht leugnet, sieht also ein, dass Hilfe sehr wohl notwendig für die Erreichung dessen werden kann, was er will. Und das, wie gesagt, schließt wiederum ein, dass man nicht zugleich Gleichgültigkeit gegenüber der Frage bewahren kann, ob diese möglicherweise notwendige Hilfe eintritt.

Kurzum, es gibt Interessen, die für den Willen essentiell sind: etwa das Interesse, die eigene Effektivität sowie die Möglichkeit der Zielwahl und -erreichung nicht dauerhaft zu schädigen. Wenn eine Maxime als Gesetz diesen Interessen widerspricht, dann liegt ein *Widerspruch im Wollen* vor.

Abschließend ist es sinnvoll, mit etwas Abstand auf den grundlegenden moralischen Gedanken hinzuweisen, den das Sittengesetz artikuliert. Dieser Grundgedanke ist sehr einleuchtend. Er lässt sich in folgender Frage formulieren: Wenn ich nicht jedermann zugestehen könnte, so zu entscheiden, wie ich es jetzt vorhabe: Wer bin ich, dass *ich* es mir dennoch herausnehmen darf?

Wenn ich nicht wollen kann, dass meine Maxime allgemeines Gesetz wird, dann bedeutet das, dass mein Vorhaben notwendigerweise darauf beruht, mir selbst mehr zuzugestehen, als ich anderen zugestehen kann. Ich bin also im Begriffe, meine Pläne und meine Interessen in einem Maße wichtig zu nehmen, wie ich es mit den entsprechenden Plänen und Interessen Anderer gar nicht könnte. Dies gilt immer dann, wenn meine Maxime den Ansprüchen des Sittengesetzes nicht genügt. Dieses Sittengesetz artikuliert also nichts anderes als die egalitäre Forderung, allen Vernunftwesen gleiche Spielräume und gleichen Vorrechte in der Gestaltung ihres Handelns einzuräumen und daher ihren Vorhaben und Entscheidungen das gleiche Gewicht zuzubilligen wie den eigenen.

Dieser Gedanke geht bisweilen unter, weil viele Autoren Kants Rede von einem »Gesetz« losgelöst von seinen damit zusammenhängenden Erläuterungen betrachten. Gleiches gilt für die These, das Sittengesetz würde Maximen allein anhand ihrer »Form« beurteilen. Das kann so klingen, als gehe es Kant um die inhaltsleere Struktur bestimmter Vorschriften anstatt um Belange realer Wesen.[11] Aber wir haben gesehen, dass das ein Missverständnis ist: Erstens *ist* ein Gesetz laut Kant nichts anderes als etwas, nach dem alle Vernunftwesen handeln (oder, in der normativen Bedeutung, handeln sollen). Die Sor-

11 Viele Autoren verstehen etwa die Kant-Kritik bei Hegel (1968 ff.) und Scheler (1916) so, dass sie diese Vorwürfe artikuliert. Ich bin nicht sicher, ob die Intentionen dieser letzteren Autoren damit richtig getroffen sind. Sicher bin ich aber, dass die im Text genannten Kritikpunkte, die diesen Autoren *zugeschrieben* werden, Kant missverstehen.

ge darum, ob eine Maxime ein Gesetz sein kann, *ist also nichts anderes* als die Sorge um gleiche Freiheiten und Spielräume für alle Vernunftwesen. Und zweitens stimmt es zwar, dass Kant das Merkmal, ein Gesetz sein zu können, »formal« nennt. Das bedeutet jedoch bloß, dass die Eigenschaft, allen Menschen zur Maxime gelten zu können, nichts über den Inhalt einer Maxime sagt. Nur in diesem Sinne ist sie eine formale Eigenschaft.

Kant jedenfalls macht deutlich, welchen Grundgedanken sein Sittengesetz artikuliert. Er nimmt auf unsere eigene Erfahrung Bezug:

> Wenn wir nun auf uns selbst bey jeder Übertretung einer Pflicht Acht haben, so finden wir, daß wir wirklich nicht wollen, es solle unsere Maxime ein allgemeines Gesetz werden […]; nur nehmen wir uns für uns die Freyheit, für uns, oder (auch nur für diesesmal) zum Vortheil unserer Neigung, davon eine *Ausnahme* zu machen. (IV: 424)

Aus sich eine Ausnahme zu machen, sich selbst etwas herauszunehmen, das dabei notwendig voraussetzt, dass andere dasselbe nicht tun: Das ist Kants Ethik zufolge so etwas wie der Kern der Unmoral.

Dieser Grundgedanke lässt sich mit den beiden Formen des Widerspruchs verbinden: Wenn sich meine Maxime nicht einmal als allgemeines Gesetz denken lässt, dann ist mein Vorhaben nur als Ausnahme denkbar. Wenn ich meine Maxime nicht als allgemeines Gesetz wollen kann, dann kann ich mein Vorhaben nur als eine Ausnahme wollen. In jedem dieser Fälle ist es meinen Motiven wesentlich, mir und meinen Vorhaben einen Rang einzuräumen, den sie nur haben können, wenn nicht alle anderen Vernunftwesen und ihre Vorhaben ihn auch haben.

Es gibt noch einen weiteren wichtigen Aspekt: Es könnte den Anschein haben, als würden die *Leidtragenden* einer unmoralischen Handlung in Kants Ethik kaum eine Rolle spielen. Wenn ich etwa ein falsches Versprechen gebe, dann erhebe ich mich ja, wie eben geschildert, als eine Ausnahme über alle anderen Vernunftwesen. Das erklärt sicherlich, inwiefern an meinem Tun etwas Falsches ist. Aber es scheint doch außerdem *eine* Person zu geben, der ich durch mein Tun in besonderer und unmittelbarer Weise ein Unrecht zufügen würde – eben die Person, der ich das falsche Versprechen geben würde. Wird auch dieser Aspekt bei Kant erfasst?

Ja. Um das zu erkennen, ist folgende Beobachtung wichtig: Wenn es in den obigen Fällen zu einem Widerspruch kommt, liegt die Erklärung dafür in der Position begründet, in die wir die *Adressaten* unseres Handelns bringen. Betrachten wir falsche Versprechen: Wir können uns ja durchaus vorstellen, dass wir alle immerzu etwas sagen, was gewöhnlich ein falsches Versprechen wäre. Was wir uns *nicht* vorstellen können, ist, dass *unsere Zuhörer* uns weiter Glauben schenken. Also erst dann, wenn wir ihre Position betrachten, bemerken wir die Unstimmigkeit. Ähnliches gilt für die anderen erwähnten Fälle. Was wir nicht wollen können, ist, *Opfer* des Verzichts auf Wohltätigkeit zu werden. In all diesen Fällen ist also eine Formulierung im Passiv besonders treffend: Was wir eigentlich nicht wollen können, ist, dass Menschen generell so behandelt *werden*, wie es unsere Maxime sagt.

Es ist also nicht nur so, dass wir *uns* im unmoralischen Handeln einen Rang *oberhalb* aller anderen Vernunftwesen zugestehen (s. o.). Außerdem *degradieren* wir die Opfer, weisen ihnen also einen Rang *unterhalb* des Ranges der anderen Vernunftwesen zu. Denn wir behandeln sie den fraglichen Fällen so, wie wir nicht generell wollen können, dass Vernunftwesen behandelt werden. So machen wir Ausnahmen auch aus denen, denen wir Unrecht antun.

7 Pflichten gegen uns selbst

Wir haben zwei Beispiele kennengelernt, mit denen Kant die Implikationen seines kategorischen Imperativs illustriert: falsche Versprechen und Verzicht auf Wohltätigkeit. Kant diskutiert zwei weitere Beispiele in Abschnitt 2 der *Grundlegung*. Wieder handelt es sich jeweils um ein Beispiel, das durch einen Widerspruch im Denken eine Pflichtverletzung offenbart, und ein Beispiel, das dasselbe durch einen Widerspruch im Wollen tut. Diese zwei weiteren Beispiele unterscheiden sich aber in einem wichtigen Punkt von den beiden ersteren: Während jene es mit Pflichten gegenüber *anderen* Personen als dem Handelnden zu tun hatten, geht es nun um *Pflichten gegenüber sich selbst*.

Kant meint, dass wir auch mit uns selbst auf eine Weise umgehen können, die moralisch falsch ist. Dieser Gedanke ist vielen von uns fremd. Wir verstehen Moral als etwas, das quasi definitionsgemäß mit der Behandlung Anderer zu tun hat. Aber Kant seinerseits wäre diese Idee fremd gewesen. Wir sind ja Personen wie andere auch. Warum sollte uns *bei uns* alles erlaubt sein?

Einige Beispiele für »Pflichten gegen sich selbst«, wie Kant sie nennt, leuchten dabei auch heute noch ein. In der *Metaphysik der Sitten* nennt Kant z. B. die »Kriecherei« (VI: 434 ff.). Ein erwachsener Mensch, der sich ohne Not von Anderen herumschubsen lässt, ist nicht nur bedauernswert. Dieser Mensch zeigt einen Mangel an Selbstrespekt, und das finden wir falsch.

Allerdings sind Kants Beispiele in der *Grundlegung* nicht von dieser Art, sondern für viele heutige Leser sehr viel weniger überzeugend. Erstens ist er der Meinung, dass aus seinem kategorischen Imperativ folgt, dass es moralisch verboten ist, sich selbst zu töten, wenn man des Lebens überdrüssig ist. Zweitens glaubt er, dass es unmoralisch ist, seine eigenen Fähigkeiten nicht zu bilden, sondern rosten zu lassen. Kurz: Es gibt Pflichten zur *Selbsterhaltung* und *-vervollkommnung*.

Wie argumentiert Kant für diese beiden Ansichten? Das Beispiel der Selbstvervollkommung ist der etwas einfachere Fall. Wir sollen uns, so Kant, jemanden vorstellen, der »lieber dem Vergnügen [nachhängt], als sich mit Erweiterung und Verbesserung seiner glücklichen Naturanlagen zu bemühen« (IV: 423). Wir können uns heute eine *couch potato* vorstellen, die ihr Leben vor der Playstation vergeudet, statt etwas mit und aus ihren Fähigkeiten zu machen. Kant glaubt, dass die Maxime so einer Person (etwa: »Ich kümmere mich nicht um meine Talente, sondern lebe nur für Bequemlichkeit«), wenn man sie sich als Gesetz vorstellt, auf einen Widerspruch im Wollen führt. Der Grund liegt ähnlich wie im Falle des Verzichts auf Wohltätigkeit. Ein Wille, der seine Talente rosten lässt, riskiert, dass er in Zukunft einmal ohne die Mittel zu seinen Zwecken dastehen könnte. Es liegt aber in der Natur des Willens, das zu wollen, was zu seinen Zwecken führt (s. o.). Daher »will er nothwendig, daß alle Vermögen in ihm entwickelt werden, weil sie ihm doch zu allerley möglichen Absichten dienlich« werden können (ibid.). Niemand von uns kann also wirklich wollen, dass seine Talente vor sich hin rosten. Daher ist dieses Handeln unmoralisch.

Diese Konsequenz klingt, wie gesagt, für heutige Leser zunächst überraschend. Aber mir scheint, dass sie weniger weit von unseren Alltagsansichten entfernt sind, als es auf den ersten Blick zu sein scheint. Wenn wir über jemanden reden, der seine Talente in der beschriebenen Weise vergeudet, dann meldet sich bei uns tatsächlich oft mehr als nur Bedauern. Wir neigen zu Vorwürfen und sagen: »Du solltest wirklich mehr auf dich achtgeben und etwas für deinen Geist und deinen

Körper tun.« Es erscheint mir alles andere als unplausibel, dass die fraglichen Personen sich selbst etwas anderes schuldig sind.

Schwieriger ist der Fall des Suizids. Kant untersucht die folgende Maxime:

> [I]ch mache es mir aus Selbstliebe zum Princip, wenn das Leben bey seiner längern Frist mehr Übel droht, als es Annehmlichkeit verspricht, es mir abzukürzen. (IV: 422)

Wenn wir uns diese Maxime als ein allgemeines Gesetz vorstellen, so Kant, dann stoßen wir letztlich auf einen Widerspruch im Denken.

Schon Kants Formulierung dieser Maxime erscheint polemisch. Warum sollten Menschen, die einen Suizid begehen, unbedingt »aus Selbstliebe« handeln? Allerdings liegt in dieser Bemerkung keine Polemik – oder jedenfalls keine *besondere* Polemik. Kant bezeichnet es generell (geradezu terminologisch) als »Selbstliebe«, wenn die entscheidende Motivation eines Akteurs auf Erfüllung der eigenen Neigungen gerichtet ist. Solche Motive messen den eigenen Neigungen *de facto* große Wichtigkeit bei, und das soll der Ausdruck »Selbstliebe« erfassen. Nicht gemeint ist jedoch ein Maß an Eitelkeit und Arroganz, das über diese typische Sorge um die eigenen Bedürfnisse hinausgeht.

Was ist dann aber Kants Einwand gegen den Suizid? Wie schon gesagt: Er glaubt, die Verallgemeinerung der zitierten Maxime führe auf einen Widerspruch im Denken. Seine Argumentation ist allerdings nicht ohne weiteres überzeugend. Sie lautet wie folgt: Die zitierte Maxime kann kein Naturgesetz sein, weil dies der natürlichen Funktion unserer Empfindungen widersprechen würde. Wenn ein Wesen Leid empfinden und antizipieren kann, besteht die Funktion dieser Fähigkeit wohl darin, zu positiven Gegenmaßnahmen zu motivieren und so das Überleben des Wesens (und, so würden wir heute ergänzen, die Vererbung seiner Gene) zu befördern. Warum z. B. tut es uns weh, wenn wir unsere Hand in eine Flamme halten? Das ist nicht schwer zu erraten. Die Aufgabe solcher Gefühle besteht sicherlich darin, Verletzungen und Gewebeschäden zu vermeiden. Wenn nun die Aussicht auf Leid aber zugleich allgemein als hinreichender Antrieb dient, das Leben zu verkürzen, dann würde sich, so Kant, ein widersprüchliches Bild der Natur ergeben (vgl. ibid.).

Kants Idee besteht also darin, dass die verallgemeinerte Maxime im Widerspruch zu dem steht, was wir – wie er meint – ansonsten über die geltenden Naturgesetze wissen. Das Problem ist aber, dass Kants Annahme über die natürliche Funktion bestimmter Empfindungen nicht alternativlos ist. Warum sollten wir nicht annehmen, dass solche Gefühle bei vernünftigeren Wesen eine etwas komplexere Funktion übernehmen – oder dass solche Gefühle vielleicht der Fähigkeit, sich frei zu entscheiden, untergeordnet werden? Dann könnte man sagen, dass diese Funktion bei vernünftigen Wesen darin bestehe, *solange* zu positiven Gegenmaßnahmen zu motivieren, wie es dem Wesen aussichtsreich und erstrebenswert erscheint. Kants Interpretation ist, so betrachtet, willkürlich.

Es ist jedoch vielleicht gar keine schlechte Nachricht, wenn Kants Argumente an diesem Punkt nicht ohne weiteres überzeugen. Immerhin sind viele von uns ja überzeugt, dass Suizid nicht verwerflich ist. Sollte es also nicht gelingen, ein Suizidverbot aus dem kategorischen Imperativ abzuleiten, dann würde das aus der Perspektive unserer Alltagsmoral gesehen eine *Stützung* dieses Grundsatzes bedeuten. (Im Übrigen werden wir in Kap. 9 feststellen, dass Kants Einwand gegen die Tötung *anderer* Menschen wesentlich darauf beruht, dass diesen Menschen dabei die Möglichkeit genommen wird, selbst frei nach Maximen zu handeln. Diese Begründung scheint im Falle des

Suizids wegzufallen. Eine Maxime des Suizids ist *per se* eine, nach der man selbst handeln kann.[12])

Abschließend sei angemerkt, dass Kant die spezifische Maxime prüft, sich das Leben zu nehmen, um sich eigenes Leid zu ersparen. Weder Kant noch seine Theorie verbieten es jedoch generell, das eigene Leben dann aufs Spiel zu setzen, wenn dies anderen, höheren Zielen dient.

12 Es gibt freilich in der aktuellen Debatte Kantianer, die an Kants Verbot der Selbsttötung festhalten. Siehe z. B. Velleman (1999).

8 Vollkommene und unvollkommene Pflichten

Jeder, der über Moral nachdenkt, wird schnell bemerken, dass in unserem moralischen Denken zwei Arten von Erwägungen in Konkurrenz stehen. Einerseits finden wir, dass das Wohlergehen von Menschen ein wichtiges moralisches Ziel ist. Wenn wir etwas tun können, das das Leben für Menschen besser macht, dann ist dies ein gewichtiger moralischer Grund, es zu tun. Andererseits finden die meisten von uns aber auch, dass dieses Ziel nicht mit *allen* Mitteln verfolgt werden darf. Manche Dinge dürfen wir auch dann nicht tun, wenn sie für das Gesamtwohl am Besten wären. Ein drastisches Beispiel: Ein Terrorist bedroht Tausende von Menschenleben. Ein Agent könnte den Terroristen nur stoppen, indem er dessen unschuldige Familie in seine Gewalt bringt und so lange foltert, bis der von seinem Vorhaben ablässt. Die meisten von uns fänden das falsch.

Einige Ansätze der normativen Ethik, etwa der sog. Utilitarismus, erklären die Beförderung des Gemeinwohls zum obersten Maßstab der Ethik. Vertreter solcher Sichtweisen haben daher Schwierigkeiten, unserem Eindruck gerecht zu werden, dass der Agent im Beispiel falsch handeln würde, wenn er die unschuldige Familie dem größeren Gemeinwohl opfert.[13] Kants Ethik zählt hingegen zu den Ansätzen, die diesen letzteren Aspekt berücksichtigen. Das erläutern wir nun.

Wir haben in Kap. 6 festgehalten, dass Kants kategorischer Imperativ eine Art Prüfverfahren für Maximen formuliert. Und

13 Natürlich würden einige Vertreter des Utilitarismus gar nicht erst die These teilen, dass es falsch wäre, das Wohl der Familie dem Wohl der größeren Zahl zu opfern.

wir haben beobachtet, dass dieses Verfahren Maximen auf zwei Wegen als moralisch unzulässig ausweisen kann, nämlich entweder, indem ihre Verallgemeinerung auf einen »Widerspruch im Denken« führt, oder auf dem Wege eines »Widerspruchs im Wollen.«

Kant zufolge geht mit dem Unterschied zwischen einem Widerspruch im Denken und einem Widerspruch im Wollen ein wichtiger ethischer Unterschied einher. Wenn eine Pflicht sich anhand eines Widerspruchs im Denken offenbart, dann ist sie eine andere *Art* von moralischer Pflicht als eine, die sich anhand eines Widerspruchs im Wollen zeigt. Im ersten Falle spricht Kant in der *Grundlegung* von »vollkommenen«, im zweiten von »unvollkommenen« Pflichten (IV: 421).

Was unterscheidet »vollkommene« und »unvollkommene« Pflichten? Zunächst einmal fällt ein inhaltlicher Unterschied ins Auge: Kants vollkommene Pflichten haben negativen Charakter. Sie sind Pflichten, bestimmte Dinge *nicht* zu tun – etwa *keine* falschen Versprechen zu geben, sich *nicht* selbst zu töten, oder, wie wir in Kap. 9 hören werden, Menschen *nicht* zu ermorden und zu quälen.

Unvollkommene Pflichten haben einen anderen Charakter: Erstens sind sie *positiver* Natur. Sie verlangen also nicht nur, etwas zu unterlassen, sondern sie fordern positive Anstrengungen, etwa solche der Wohltätigkeit und der Selbstvervollkommnung. Zweitens sind diese Pflichten *inhaltlich allgemein*. Die Maximen, die auf einen Widerspruch im Wollen führen, sind ja Maximen, generell auf Wohltätigkeit oder die Bildung der eigenen Talente zu verzichten (s. Kap. 6 und 7). Was die Pflicht also umgekehrt verlangt, ist, *nicht* generell auf derlei zu verzichten. Damit ist aber keine spezielle Handlung von uns verlangt. Was verlangt wird, ist die prinzipielle Bereitschaft dazu, Anderen zu helfen und die eigenen Talente zu bilden. In der *Metaphysik der Sitten* drückt Kant dies so aus, dass diese

Pflichten keine speziellen Handlungen betreffen, sondern Pflichten sind, sich bestimmte allgemeine *Zwecke* zu setzen. Sie benennen »Zwecke, die zugleich Pflicht sind« (VI: 382 und *passim*), nämlich speziell die Glückseligkeit Anderer und die eigene Vollkommenheit.[14]

Diese Unterscheidung lässt sich leicht auf unser Beispiel anwenden. Die Pflicht, das Gemeinwohl zu befördern, (z. B. indem wir Menschen vor einem Terroristen retten), ist eine unvollkommene Pflicht. Die Pflicht hingegen, Menschen (auch dann, wenn sie die Angehörigen eines Terroristen sind) nicht zu quälen oder gar zu töten, ist hingegen vollkommen (siehe Kap. 9). Vielleicht kann diese Unterscheidung also erklären, warum es falsch wäre, wenn der Agent in unserem Beispiel die Familie benutzen würde, um das Gemeinwohl zu schützen?

Das können wir an dieser Stelle noch nicht beurteilen. Bevor wir hier klarer sehen können, müssen wir fragen, was es heißt, dass manche Pflichten »vollkommen« und manche »unvollkommen« sind. Tatsächlich kann man Kants Unterscheidung auf mindestens drei Weisen deuten. Ich stelle diese drei Deutungen im Folgenden vor und erkläre im Anschluss, welche von ihnen mir die richtige zu sein scheint.[15]

14 Es sei kurz angemerkt, dass diese Idee von der Glückseligkeit Anderer als Zweck, der zugleich Pflicht ist, gut zu Kants Überlegungen zum Widerspruch im Wollen passt (vgl. Kap. 6). Da wir nicht wissen, zu welchen Zwecken wir einmal Hilfe benötigen werden und von wem, müssen wir wollen, dass Andere generell die Ziele und Bedürfnisse ihrer Mitmenschen als wichtig ansehen. Alles, was mit diesem umfassenden Altruismus unvereinbar ist, können wir nicht ohne Widerspruch als Gesetz wollen. Die Pflicht, die sich ergibt, ist also die, generell das Wohlergehen Anderer als ein wichtiges Ziel zu behandeln.

15 Eine ausführlichere Diskussion, der die nachfolgenden Passagen wichtige Hinweise verdanken, findet sich in einem Vortrag von M. Stepanians (unveröffentlicht; siehe Literaturhinweise, S. 159).

Eine erste Deutung sieht den Unterschied in der *legitimen Erzwingbarkeit*. Vollkommene Pflichten wären also die, deren Befolgung man mit Zwang erwirken darf – etwa durch Gesetze, eine Polizei oder Gefängnisse. Kants Unterscheidung zwischen vollkommenen und unvollkommenen Pflichten geht zurück auf eine bestimmte Tradition in der Staats- und Rechtsphilosophie, nämlich auf die sogenannte *Naturrechtstheorie*. Vertreter dieser Tradition sehen den Unterschied in der Tat in der Erzwingbarkeit. Schon Hugo Grotius (1583–1645) erklärt, ein moralisches Recht einer Person könnte »perfecta« oder »minus perfecta« sein.[16] Sein Nachfolger Samuel von Pufendorf (1632–1694) wendet die Unterscheidung auf Pflichten an[17]. Pufendorf zufolge sind vollkommene Pflichten diejenigen, die die Gerechtigkeit im strengen Sinne verlangt (*justitia stricte dicta dirigit*) und die daher legitimer Gegenstand einer Gesetzgebung in einem Staat mit Zwangsbefugnis seien können. Unvollkommene Pflichten dagegen sind Pflichten der Menschlichkeit und Wohltätigkeit. Diese können nicht erzwungen werden, sondern müssen Sache freiwilliger Handlungen sein.

Auch Kant glaubt, dass es einen solchen Unterschied zwischen Pflichten gibt. In seiner *Metaphysik der Sitten* unterscheidet er Rechtspflichten von Tugendpflichten, und ein Kriterium für diese Unterscheidung ist in der Tat die legitime Erzwingbarkeit. Wichtig ist aber, dass dies *nicht* dieselbe Unterscheidung ist wie die Unterscheidung von vollkommenen und unvollkommenen Pflichten. Zwar sind alle Rechtspflichten in der *Metaphysik der Sitten* vollkommen, die Tugendpflichten aber umfassen ebenfalls einige vollkommene (z. B. das Suizidverbot). Und schon in der *Grundlegung* betont Kant, dass er im Unterschied zur Tradition »auch innere vollkomme-

16 Vgl. dessen *De jure belli ac pacis*, 1625, I.1.4.
17 Vgl. dessen *De jure naturae et gentium*, 1672, III.4.1.

ne Pflichten« (IV: 421, Fn.) zulässt. Innere Pflichten sind solche, die bestimmte Motive seitens des Akteurs verlangen. Und alle solchen Pflichten hält Kant für schlechterdings nicht erzwingbar.

Die erste Deutung erfasst also nicht das, was Kant eigentlich im Sinn hat. Eine zweite Deutung lautet, dass der Unterschied im *Grad der Verbindlichkeit* liegt. Und tatsächlich hat Kant zu bestimmten Zeiten geglaubt, dass vollkommene Pflichten *stärker* oder *gewichtiger* seien. Im früher entstandenen Text *Träume eines Geistersehers* (1766) unterscheidet er etwa zwischen einem »starke[n] Gesetz der Schuldigkeit« und einem »schwächere[n] [Gesetz] der Gütigkeit« (II: 335 / UB 29). Er scheint dabei die Unterscheidung zu meinen, die er auch in der *Grundlegung* macht, und hier wird sie in Begriffen der *Stärke* artikuliert. Andere Stellen stützen diesen Eindruck. In Reflexionen aus dem Nachlass heißt es, dass das, was an unvollkommenen Pflichten *imperfecta* ist, ihre *vis necessitans* (XIX: 31) sei, ihre »nötigende Kraft«.

Dieser Deutung zufolge hätten unvollkommene Pflichten geringeres moralisches Gewicht. Unter Kant-Interpreten erfreut sich diese Sichtweise großer Beliebtheit. Und sie ist gewiss nicht ohne Plausibilität. Auch heute unterscheiden viele Philosophen zwischen *negativen* und *positiven Pflichten* und behaupten, dass die ersteren größeres Gewicht haben.[18] Belegt wird diese These an Beispielen wie dem obigen. Auch dann, wenn wir starke Gründe haben, das Gemeinwohl zu schützen, so ist die negative Pflicht noch wichtiger, selbst keinen Unschuldigen zu verletzen und zu quälen.

Auch Kants eigene Hinweise in der *Grundlegung* legen durchaus nahe, dass er dies im Sinn hat. Er spricht dort von voll-

18 Ein klassischer neuerer Aufsatz dazu ist Foot (1967).

kommenen Pflichten als »strengen oder engeren (unnachlaßlichen)« Pflichten, von unvollkommenen Pflichten hingegen als »weiteren (verdienstlichen)« Pflichten (IV: 424). An anderen Stellen nennt er vollkommene Pflichten »schuldige Pflichten« und »nothwendig«, unvollkommene hingegen abermals »verdienstlich« und zudem »zufällig« (vgl. IV: 429f). Schließlich, so Kant, lassen vollkommene Pflichten, »keine Ausnahme zum Vortheil der Neigung« (IV: 412 Fußnote) zu. Unvollkommene Pflichten, so dürfen wir schließen, tun dies durchaus.

Diese knappen Hinweise sind nicht ohne weiteres leicht zu verstehen, aber sie erwecken sicher den Eindruck eines Unterschieds in der moralischen Gewichtung. Vollkommene Pflichten sind »streng« und »schuldig«, sind also etwas, das wir befolgen *müssen*. Unvollkommene Pflichten sind »verdienstlich«, also anscheinend nicht im selben Sinne eine Sache des Müssens. Man kann sogar den Eindruck bekommen, dass unvollkommene Pflichten in Wahrheit etwas benennen, was in heutiger Terminologie *supererogatorisch* heißt – also etwas, das über das Geforderte hinausgeht.

Ist dies also der gesuchte Unterschied? Geht es Kant also einfach um die noch heute populäre Doktrin, dass negative Pflichten schwerer wiegen als positive? Mir scheint, dass gegen diese Deutung zu vieles spricht, denn sie passt einfach nicht in Kants umfassende Theorie:

Wenn Kant erstens unvollkommene Pflichten wirklich für so schwach hält, fragt sich, wieso er sie überhaupt noch als *Pflichten* bezeichnen kann. Falls sie in dem Sinne verdienstlich sind, dass man ihnen nicht nachkommen *muss*: Inwiefern verpflichten sie uns überhaupt? Diese Frage drängt sich besonders dann auf, wenn man bedenkt, dass unvollkommene Pflichten ja anscheinend Ausnahmen zugunsten unserer Neigungen zulassen sollen. Das scheint zu bedeuten, dass diese »Pflichten« nur in Abhängigkeit von unseren Neigungen etwas verlangen (*wenn* sie denn überhaupt verlangen). Inwiefern ist so eine Pflicht dann *kategorisch*? Zu diesen Bedenken passt auch, dass Kant sich an anderen Stellen anders über Pflichten der Wohltätigkeit äußert. Der Fall des Menschenfreundes (s. Kap. 3) wird eingeläutet mit dem Satz: »Wohlthätig seyn, wo man kann, ist Pflicht« (IV: 398). Das klingt, als müssten wir zugunsten Anderer tun, was wir *können* – nicht bloß, was wir mögen.

Eine zweite, noch grundlegendere Schwierigkeit dieses Vorschlags besteht darin, dass Kants Theorie uns keinen *Grund* für so einen Unterschied im moralischen Gewicht liefert. Falls eine Maxime nicht als allgemeines Gesetz gewollt werden kann: Was für einen Unterschied macht es, ob dies an einem Widerspruch im Denken oder an einem Widerspruch im Wollen scheitert? Falls ich mir meine Maxime nicht als Gesetz denken kann, wieso sollte das ein Befund mit *größerem moralischem Gewicht* sein als ein Widerspruch im Wollen? Das bleibt in dieser Deutung unklar.

Die Deutung, die sowohl ethisch plausibel als auch dem Text am ehesten angemessen ist, ist eine dritte: Das Kriterium der Unterscheidung ist die *ungenaue Spezifizierbarkeit von Erfüllungsbedingungen*: Unvollkommene Pflichten sind, wie bereits gesagt, nicht nur positiver Natur, sondern sie formulieren auch *allgemeine* Vorschriften. Sie verlangen, so Kant in der *Metaphysik der Sitten*, nicht spezifische Handlungen, sondern das Setzen genereller Zwecke.

Wenn dies die Natur unvollkommener Pflichten ausmacht, dann sind sie ihrem Wesen nach Pflichten, denen man auf unterschiedliche Weise nachkommen kann. Um den Kontrast deutlich zu machen: Wenn es um die Pflicht geht, *kein* falsches Versprechen zu geben, dann ist klar, was gefordert wird. Man tut es einfach nicht. Geht es hingegen darum, generell die Glückseligkeit Anderer als einen Zweck zu behandeln und zu befördern, dann liegen die Dinge anders. Man wird oft in der Lage sein, *verschiedenen* Personen helfen zu können, aber *nicht allen*. Zum Beispiel gibt es vielleicht gerade fünf Bettler in Ihrer Nähe; Sie können jedoch momentan maximal zweien ein Almosen geben. Hier sagt die Moral Ihnen nicht, was genau Sie tun, wem Sie also helfen sollen. Ebenso wird die Moral Ihnen nicht immer sagen, *wie viel* sie tun sollten. Statt zwei Bettlern ein Almosen zu geben, könnten sie ja auch einem Bettler eine größere Spende zukommen lassen. Auch wie groß Ihre Hilfe im einzelnen Falle sein sollte, lässt der allgemeine Zweck mithin offen.

Dieses Merkmal kann man die *ungenaue Spezifizierbarkeit der Bedingungen, unter denen eine Pflicht erfüllt werden kann*, nennen. Genau dieses Merkmal hat Kant im Sinn, wenn er vollkommene und unvollkommene Pflichten als »eng« bzw. »weit« charakterisiert. Das zeigt seine Erklärung dieser letzteren Termini in der *Metaphysik der Sitten*. Dass eine Pflicht »von weiter Verbindlichkeit« sei, so heißt es dort, bedeute, dass es »Spielraum (latitudo) für die freie Willkür« gebe, weil diese Pflicht »nicht bestimmt angeben könne, wie und wie viel« (VI: 390) man zu ihrer Befolgung handeln müsse. Vollkommene Pflichten sind hingegen »enger« oder »strenger«, d. h.: genauer.

Was unvollkommene Pflichten also unvollkommen macht, ist der Grad der Genauigkeit, mit dem sie Handlungen vorschreiben. Das erklärt auch Kants weitere Charakterisierungen in der *Grundlegung*. Das gilt etwa für die »Verdienstlichkeit.« Nehmen wir den Fall der Bettler: Wenn Sie nur zweien helfen können, dann gilt von keinem einzelnen Bettler, dass Sie speziell *ihm* helfen *müssen*. Sie könnten ja stattdessen auch einem anderen helfen. Keine einzelne Hilfshandlung, die Sie vollziehen können, ist daher eine, die unbedingt gefordert ist. In diesem Sinne ist jede dieser *einzelnen* Optionen »verdienstlich« – eine gute Tat, aber eine, die Sie im Sinne der Pflicht nicht hätten vollziehen müssen. Aber das macht diese Handlungen *nicht* supererogatorisch. Denn dass Sie *überhaupt* einem Bettler (diesem *oder* diesem *oder*…) helfen müssen, gilt.

Das erklärt ebenfalls, warum Kant unvollkommene Pflichten, anders als vollkommene, nicht »schuldige Pflichten« nennt. Im Falle der Bettler ist keine einzelne Hilfshandlung etwas, das Sie schuldig sind. So wird auch die Rede von »nothwendigen« und »zufälligen« Pflichten klar. Vollkommene Pflichten fordern spezifische Handlungen. Unvollkommene Pflichten verlangen oft nur, dass Sie *etwas* tun. Was genau das ist, ist vom Gesichtspunkt der Moral her gesehen arbiträr oder zufällig.

Dabei wäre es falsch, unvollkommene Pflichten selbst als »inhaltlich unbestimmt« zu bezeichnen. Tatsächlich ist das, was sie verlangen, ja etwas sehr Bestimmtes – nämlich, uns bestimmten Zwecken zu verschreiben. Das ist kein rein intellektueller Akt. Sich einen Zweck zu setzen, bedeutet, aktiv etwas zugunsten desselben zu unternehmen, wenn es möglich ist. Unbestimmtheit ergibt sich erst dann, wenn wir diese Zielsetzung in Handlungsvorschriften zu übersetzen versuchen. Zu welchen einzelnen *Handlungen* wir verpflichtet sind, ist dann nur insofern bestimmt, wie bestimmt ist, welche Handlungen das gesetzte Ziel am besten befördern.

Dieser Ansatz erklärt nun in eleganter Weise, in welchem Sinne vollkommene Pflichten Vorrang vor unvollkommenen haben. Warum etwa hat in unserem reißerischen Beispiel die Pflicht, das Gemeinwohl zu befördern, das Nachsehen gegenüber der Pflicht, Unschuldige nicht zu quälen?

Oft wird dieser Umstand, wie gesagt, so erklärt, dass diese letztere Pflicht *wichtiger* sei. Falls das nur heißen soll, dass sie Vorrang hat, stimmt das natürlich – dann aber liefert diese Aussage natürlich keine Erklärung mehr für den Vorrang. Dies zu *erklären*, ist nicht einfach. Immerhin sind auch die Tausende von Menschen, die der Terrorist bedroht, nicht minder unschuldig als die Familie. Und auch Kants Ethik bietet uns, wie gesagt, keinen Grund dafür, einen Unterschied in der moralischen Wichtigkeit zu konstatieren. (Utilitaristen halten die Idee, vollkommene Pflicht seien *per se* wichtiger, oft tatsächlich für einen irrationalen Aberglauben.)

Unsere Deutung ermöglicht eine bessere Erklärung. Der Vorrang vollkommener Pflichten resultiert nicht aus ihrer *Wichtigkeit*, sondern daraus, dass vollkommene und unvollkommene Pflichten andere Arten von *Gegenständen* betreffen. Nur vollkommene Pflichten verlangen spezifische Handlungen. Unvollkommene Pflichten verlangen Zwecke. Was genau wir zu ihrer Umsetzung tun müssen, schreiben sie nicht vor. Das hängt von unseren Umständen und der Verfügbarkeit von Optionen ab. Aus diesem logischen Grund *kann* eine unvollkommene Pflicht niemals beinhalten, dass nun z. B. *genau die* wohltätige Handlung verlangt ist, die von einer vollkommenen Pflicht verboten wird. Es kann sein, dass eine bestimmte Handlung ein konkurrenzlos guter Weg *sein könnte*, zu helfen. Aber wenn diese Handlung bereits anderweitig von der Moral ausgeschlossen wurde, kann eine unvollkommene Pflicht dem aus logischen Gründen nichts entgegenzusetzen haben.

Wie wir am obigen Beispiel gesehen haben, ist es oft plausibel, dass vollkommene Pflichten diesen Vorrang genießen. Allerdings gibt es auch einige problematische Beispielfälle, in denen Kants Ethik bestimmten vollkommenen Pflichten einen *zu* strengen Vorrang vor Pflichten der Wohltätigkeit einzuräumen scheint. Das hat zu dem Vorwurf geführt, Kants Ethik sei *rigoristisch*. (Wir werden diesen Vorwurf in Kap. 17 diskutieren. Ich werde ihn dort zu entkräften versuchen.)

Es ist zu betonen, dass Kants Theorie durchaus zulassen kann, dass es unter Umständen bestimmte Hilfshandlungen gibt, die unbedingt geboten sind. Angenommen, Sie kommen an einer Unfallstelle vorbei. Es ist deutlich, dass außer Ihnen so bald niemand mehr kommen wird, der Hilfe leisten kann. Ihnen droht weder Gefahr, wenn Sie helfen, noch geht Ihnen etwas von allzu großer Bedeutung verloren, wenn Sie es tun. Und auch anderweitig gibt es keinen gewichtigen moralischen Grund, der dagegen sprechen könnte. Es wäre unplausibel, zu sagen, die Moral lasse Ihnen hier noch einen Spielraum. Im Gegenteil erscheint es definitiv falsch, wenn Sie jetzt nicht helfen.

Die hier vorgestellte Deutung unvollkommener Pflichten lässt dies sehr wohl zu. Es ist ja Ihre Pflicht, den Zweck zu verfolgen, Anderen zu helfen und sie aus Not zu retten. Einen solchen Zweck zu haben schließt ein, auch den besten Weg zu suchen, ihn ins Werk zu setzen. Hier bietet sich ihnen eine konkurrenzlos klare Gelegenheit dazu. Gleichzeitig besteht hier, anders als in einigen zuvor diskutierten Fällen, keine weitere moralische Pflicht, die es verbietet, genau diese Gelegenheit zu ergreifen. Wenn Sie diese Gelegenheit nicht nutzen, dann ist es also keine weitere Pflicht, die das erklärt, sondern Sie beschließen eindeutig, den verpflichtenden Zweck eben *nicht zu verfolgen*. In so einem Falle hat Kants Ethik das korrekte Resultat: nicht zu helfen wäre falsch.

Eine letzte Frage bleibt aber noch zu beantworten: Wieso lassen unvollkommene Pflichten Kant zufolge Ausnahmen »zum Vortheil der Neigung« zu? Dieser Gedanke scheint, wie gesagt, schlecht zu Kants Idee einer kategorischen Pflicht zu passen. Aber auch hier sorgt die *Metaphysik der Sitten* für Klarheit: Es sind nicht einfach unsere Neigungen, die unvollkommene Pflichten übertrumpfen können, sondern es ist eine andere moralische Pflicht: die Pflicht zur Sorge um das eigene Wohlergehen. Kant zufolge gibt es nämlich eine vollkommene Pflicht, die eigenen Interessen nicht zugunsten Anderer stark zu vernachlässigen. Eine Maxime, die die eigenen Interessen als nachrangig gegenüber den Interessen Anderer behandelt, kann nicht ohne Widerspruch als Gesetz gedacht werden. Denn wir müssten dann gleichzeitig mit unserer Maxime das Gesetz bejahen, dass alle Anderen *ihre* Interessen zugunsten der *unsrigen* als nachrangig behandeln. Und das würde natürlich den Zweck zunichte machen, den wir in unserer Maxime ja gerade bejahen.

Kant drückt dies so aus:

> [M]it Aufopferung seiner eigenen Glückseligkeit (seiner wahren Bedürfnisse) Anderer ihre zu befördern, würde eine an sich selbst widerstreitende Maxime sein, wenn man sie zum allgemeinen Gesetz machte. (VI: 393.)

Das bedeutet, dass die Moral verlangt, die Zwecke Anderer in einem Rahmen zu befördern, der auch den eigenen Zwecken genug Gewicht beimisst. Dabei zählt nicht jede beliebige Neigung, sondern nur die »wahren Bedürfnisse«. Diese definieren einen Bereich, innerhalb dessen unser Wohlergehen substantiell gefährdet ist, also einen Bereich, der der Moral untersteht. »Ausnahmen zugunsten unserer Neigungen« sind damit eigentlich Resultat einer weiteren moralischen Pflicht.

In der Tat gilt also Kants Charakterisierung aus der *Grundlegung*: »Wohlthätig zu seyn, wo man kann, ist Pflicht« – und die Grenze des Könnens wird nicht von unserem Komfort und Wohlstand definiert, sondern sie verläuft erst da, wo substanzielle Bedürfnisse gefährdet werden.

9 Weitere Anwendungen: Mord und Gewalt

Zu den interessantesten Aspekten in Kants ethischem Werk gehört, dass nur wenig von den Phänomenen die Rede ist, die viele heutige ethische Diskussionen prägen, etwa von Mord und Totschlag und allgemeiner: von körperlicher Gewalt. Viele alltägliche Erscheinungsformen von Unmoral sind subtiler; man denke etwa an den Fall des Schwarzfahrens aus Kap. 1. Es ist ein Vorzug, dass Kants Ethik solche Fälle erfasst. Allerdings müssen wir natürlich fragen, ob diese Ethik denn auch für handgreiflichere Formen von Unmoral die richtigen Diagnosen erlaubt.[19]

Betrachten wir einen vorsätzlichen, heimtückischen Mord aus niederen Motiven (um juristisches Deutsch zu bemühen). Man muss derart extreme Phänomene nicht ins Zentrum der Ethik rücken. Aber jede ihrem Gegenstand angemessene Ethik muss doch erklären können, warum ein solcher Mord verwerflich ist. Wie könnte Kants Ethik das leisten? Nehmen wir die Maxime eines egoistisch motivierten Mörders – etwa: »Ich töte Andere, wenn dies meinen eigenen Interessen dient.« Es wäre zu zeigen, dass die Verallgemeinerung dieser Maxime auf irgendeinen Widerspruch hinausläuft.

Es liegt nahe, einen »Widerspruch im Wollen« zu suchen (vgl. Kap. 6). Gewiss gehört es zu den Zielen des Willens, die eigene Weiterexistenz und Funktionsfähigkeit zu sichern, und damit alles zu bejahen, was zu diesem Zweck erforderlich ist. Da ein allgemeines Gesetz willkürlichen Mordens diese Ziele zunichtemachen würde, widerspräche ein Wille sich dann selbst, wenn er dies bejahen würde.

19 Daher gibt es einige aktuelle Autoren, die gerade bei Fällen von Mord und körperlicher Gewalt eine Schwachstelle in Kants Ethik sehen (vgl. Herman 1993, S. 113–131).

Diese einfache Herleitung ist aber nicht das, was wir suchen. Denn in Kants Theorie würden wir damit allenfalls eine *unvollkommene Pflicht* begründen können. Es sind ja unvollkommene Pflichten, die sich anhand eines Widerspruchs im Wollen zeigen (siehe Kap. 8). Aber die Pflicht, nicht zu morden, ist sicher keine unvollkommene Pflicht. Sie ist eine negative Pflicht und gibt jederzeit definitive Handlungsanweisungen, und das sind die Kennzeichen vollkommener Pflichten.

Zu zeigen ist also, dass die Maxime eines heimtückischen Mords ohne Widerspruch nicht einmal als Gesetz *gedacht* werden kann. In der Tat lässt sich dies zeigen, wie die Philosophin Onora O'Neill[20] erkannt hat. Wenn Sie beschließen, über jemandes Körper und über jemandes Leben zu verfügen, dann bringen Sie dasjenige in Ihre Gewalt, was es dieser anderen Person erlaubt, zu handeln. In dem Moment, in dem Sie Ihren Plan umsetzen, nehmen Sie jener Person die Verfügungsgewalt über sich selbst. Wie O'Neill erklärt, können Sie das nicht tun *und* gleichzeitig diese Person als jemanden sehen, der auch nach Ihrer Maxime handeln könnte – oder nach sonst irgendeiner Maxime. Zu dem Zeitpunkt, zu dem Sie den Mord beschließen, ist Ihr erwähltes Opfer noch eine freie Person, und daher fällt sie, so O'Neill, selbst in den relevanten Bereich für den Universalisierungstest. Sie müssten sich also vorstellen können, dass alle Personen *inklusive Ihres erwählten Opfers* nach derselben Maxime handeln. Gerade *durch* die Verfolgung Ihrer Maxime wird dies aber unmöglich. Sie müssten sich die fragliche Person *gleichzeitig* als jemanden denken, der nach Ihrer Maxime handeln kann, *und* als jemanden, dem alle Gewalt über sich genommen wird und der nicht nach Maximen handeln kann. Ein Widerspruch!

20 Vgl. O'Neill (1989) S. 133.

Analog lässt sich auch für Fälle körperlicher Gewalt argumentieren. Sie beschädigen die körperliche Integrität eines Andreren und verursachen Schmerz. Sie bemächtigen sich damit des Körpers und der Denkfähigkeit einer Person und gefährden ihren Status als Wesen, das nach Maximen handelt.

Der Widerspruch, der sich hier ergibt, kann auch als ein Widerspruch zweier Perspektiven verstanden werden. Kant betont wiederholt, dass es uns nicht möglich ist, uns selbst zugleich als vernünftige Subjekte von Entscheidungen zu verstehen *und* anzunehmen, dass wir in unserem Handeln und Denken »anderwärts her eine Lenkung [empfangen]« (IV: 448). Sofern wir unser zukünftiges Tun als etwas verstehen, das Andere in der Hand haben, können wir es nicht zugleich als Gegenstand einer Entscheidung unsererseits betrachten. Zum Beispiel würde ich eine Entscheidung, vor der ich stehe, so formulieren: »Soll ich morgen Angeln gehen?« Sobald ich aber davon ausgehe, dass mein Leben oder meine körperliche Integrität in der Hand eines Anderen liegen, verändert sich die Perspektive, und meine Frage lautet dann eher: »*Werde* ich morgen wohl zum Angeln gehen?« Hier wird das eigene zukünftige Tun der Gegenstand einer Vorhersage, und es erscheint uns nicht mehr als etwas, das wir in der Hand haben.

Es erscheint widersprüchlich, beide Perspektiven auf unser Tun gleichzeitig einnehmen zu wollen. Aber genau so widersprüchlich wäre es, sie in Bezug auf *andere* Menschen einnehmen zu wollen. Genau das, so O'Neill, müssten wir aber tun, wenn wir uns Maximen des Mordes und der Gewalt (oder überhaupt des Zwangs) als Gesetze denken wollten. Wir müssten dann bestimmte Individuen *einerseits* verstehen als Wesen wie wir, die sich frei für oder gegen Maximen entscheiden können, und *andererseits* als Wesen, deren Aktivität »von anderwärts her eine Lenkung« empfängt, nämlich von *uns*. Darin liegt ein Widerspruch.

Diese Erläuterung findet sich nicht explizit bei Kant. Wie gesagt: Sein Augenmerk gilt eher anderen Formen der Unmoral. Aber es gibt Überlegungen *dieser Art* bei Kant. In der *Metaphysik der Sitten* erklärt er etwa, warum sexueller Verkehr nur bei Zustimmung aller Beteiligten zulässig ist.[21]

Warum ist eine solche Zustimmung erforderlich? Kant sagt: Wenn jemand anders Ihren Körper ohne Ihre Zustimmung zu seinen Zwecken benutzt, dann werden Sie damit *ipso facto* zu einer »Sache« gemacht (vgl. VI: 278 ff.). Von »Sachen« im Unterschied zu »Personen« spricht Kant immer dort, wo es um den Unterschied zwischen den Wesen geht, die keinen freien und vernünftigen Willen haben, und denen, die ihn haben. Das heißt: Wer sich Verfügungsgewalt über Ihren Körper anmaßt, der beeinträchtigt nicht einfach Ihr Wohlergehen, sondern Ihren Status als vernünftiges Subjekt eigener Entscheidungen. Die obige Erklärung der vollkommenen Pflicht, nicht zu morden, beruht auf genau derselben Überlegung.

Darf man denn also *niemals* Gewalt ausüben oder jemanden töten? Was ist mit Notwehr oder vielleicht mit Strafen? Diese Fragen werden in Kants Rechtsphilosophie behandelt, und ihre Klärung würde ein eigenes Buch erfordern. In Kurzform ist Kants Ansicht, etwa diese: Da Mörder und andere Übeltäter sich an den Freiheiten von Menschen vergreifen, ist ihre gewaltsame Behinderung ihrerseits keine Behinderung der Freiheit, sondern vielmehr »Verhinderung eines Hindernisses der Freiheit« (VI: 231): In dieser Form kann sie sehr wohl allgemeines Gesetz sein. Freilich sind Menschen Kant zufolge generell verpflichtet, in einem rechtsstaatlichen Zustand miteinander

21 Tatsächlich dachte Kant, dass er nur bei *vertraglicher* Zustimmung, also im Rahmen einer Ehe, zulässig ist, und auch das nur bei heterosexuellen Paaren. Über diese weiteren Thesen decken wir hier lieber den Mantel des Schweigens.

zu leben, und in einem solchen Zustand obliegt diese Form des Zwangs speziellen Organen. In so einem rechtlichen Zustand ist dann aber auch das systematische Verhängen von Strafen, so Kant, als eine »Verhinderung eines Hindernisses der Freiheit« zulässig, sogar geboten.

10 Die Zweckformel

Kant entwickelt in der *Grundlegung* noch weitere Formulierungen des obersten Sittengesetzes.[22] Wir kennen bereits die »Gesetzesformel« (und die Variante der »Naturgesetzformel«, s. o., Kap. 6). In diesem und dem folgenden Kapitel werden wir zwei weitere Formulierungen des kategorischen Imperativs kennenlernen, die oft »Zweckformel« und »Autonomieformel« (o. Ä.) genannt werden.

Diese Formulierungen lauten auf den ersten Blick deutlich anders als die Gesetzesformel. In der aktuellen Kant-Literatur herrscht daher die Meinung vor, dass diese Formulierungen nicht äquivalent seien, sondern dass Kant unterschiedliche »oberste« Moralgesetze formuliert habe. In der Tat gibt es nicht wenige Autoren, die bestimmten Formeln den Vorzug geben.[23]

Ich werde mich dieser herrschenden Meinung nicht anschließen. Kant selbst bekräftigt, dass seine Formulierungen »nur so viele Formeln eben desselben Gesetzes« (IV: 436) seien. Ich werde argumentieren, dass er recht hat. Die Formulierungen drücken also ein und dieselbe Forderung aus. Sie alle identifizieren ein und dieselbe Eigenschaft als dasjenige, was moralisch gefordert ist.[24] Sie unterscheiden sich lediglich darin, unterschiedliche Aspekte zu unterstreichen.

22 Die Zählung der verschiedenen Formeln, die Kant anbietet, ist keine leichte Sache. Als autoritativ gilt nach wie vor die Unterscheidung in Paton (1947). Unsere Dreiteilung in die Gesetzesformel, die Zweckformel und die Autonomieformel entspricht der obersten Ebene der Unterscheidung in Patons Klassifikation.

23 C. Korsgaard (1996) und A. Wood (1999) etwa rücken die Zweckformel in den Mittelpunkt. Wood (ibid., S. 110) meint sogar, die letztere Formel stelle erst die eigentliche Formulierung des Sittengesetzes dar.

24 In etwas genauerer philosophischer Terminologie: Die Formeln sind nicht nur *extensional* äquivalent (in dem Sinne, dass sie die-

Die berühmte Formulierung, mit der wir uns nun befassen, lautet:

> Handle so, daß du die Menschheit sowohl in deiner Person, als in der Person eines jeden andern jederzeit zugleich als Zweck, niemals bloß als Mittel brauchest. (IV: 429)

Diese Formulierung stößt bei den meisten Lesern auf unmittelbare intuitive Zustimmung. Aber es ist wichtig, sich auch hier nicht mit einem vorschnellen Verständnis zufrieden zu geben. Wir müssen nachfragen, was Kant mit scheinbar vertrauten Begriffen wie »Zweck« und »Menschheit« im Sinn hat. Tun wir das, merken wir schnell, dass die »Zweckformel« nichts anderes verlangt als die »Gesetzesformel«, die wir schon kennen.

Zuerst bedarf der Begriff des Zwecks unserer Aufmerksamkeit. Kants Aussage, wir sollten die Menschheit in jeder Person als Zweck behandeln, ist zunächst ziemlich rätselhaft. Zwecke sind doch gemeinhin etwas, das wir *bezwecken* können, also etwas, das wir durch unser Handeln herbeiführen können. Etwas, das wir bezwecken oder herbeiführen können, ist aber ein Ereignis oder ein Sachverhalt (um Terminologie aus der philosophischen Teildisziplin der Ontologie zu verwenden). Dies sind, mit anderen Worten, Dinge die *geschehen* oder *der Fall sein* können. Im Alltag sprechen wir über solche Dinge oft mit »dass«-Sätzen. Zweck eines Handelns kann etwa sein, dass meine Großmutter sich freut, oder dass ich gleich frischen Kaffee trinken kann. Personen passen aber klarer Weise nicht in diese Kategorien. Sie und ich können nicht passieren oder der

selben Urteile über dieselben Klassen von Handlungen ergeben), sondern *intensional* äquivalent (d. h., sie identifizieren dieselbe Eigenschaft als diejenige, vermöge derer diese Handlungen diese Urteile erfordern).

Fall sein. Wesen wie uns kann man also nicht bezwecken oder herbeiführen.

Kant selbst macht dies deutlich. Er betont, dass in seiner Formel »der Zweck [...] nicht als ein zu bewirkender, sondern selbständiger Zweck [...] gedacht werden« (IV: 437) müsse. Aber was ist ein Zweck, der kein »zu bewirkender« ist? Es wird oft übersehen, aber Kant definiert genau, was ein Zweck ist. Und seine Definition erklärt, was ein nicht-zu-bewirkender Zweck sein kann.

Zunächst schreibt Kant mehrfach, dass er mit einem Zweck generell eine »einschränkende Bedingung« in unseren Entscheidungen meint.[25] Wenn ich einen Zweck verfolge, dann schränkt das eben das ein, was ich tun und welche weiteren Ziele ich anstreben sollte. Wenn es etwa mein Zweck ist, etwas abzuspecken, dann bestimmt das, welche Mittel ich dazu wählen sollte, und welche weiteren Zwecke ich nicht gleichzeitig anstreben kann. Wir können Kants Angabe also als eine Art *funktionale Definition* auffassen: Ein Zweck ist generell alles, was eine bestimmte Rolle im Entscheiden spielt; diese Rolle besteht darin, einzuschränken, welche Mittel man ergreifen und welche weiteren Ziele man wählen sollte.

Kant erklärt seine Kategorie noch weiter: Zwecke bilden ja gewöhnlich Hierarchien. Zum Beispiel stehe ich morgens auf, *damit* ich zum Bäcker gehen kann, *damit* ich Brötchen kaufen kann, *damit* ich nachher meine Frühstücksgäste bewirten kann. Im Falle solcher Ketten von Zielsetzungen kann man nun sagen, dass die später genannten Zwecke *höhere* oder *übergeordnete* Zwecke sind. Wir verfolgen die zuvor genannten Zwecke ja um ihretwillen. (Ich gehe nur deshalb zum Bäcker, weil ich den Zweck verfolge, Brötchen zu kaufen.)

An irgendeinem Punkt nun finden wir das, was Kant eine

25 Diese Formulierung findet sich z. B. in IV: 430, IV: 431 und IV: 438.

»oberste einschränkende Bedingung« nennt. Dies ist etwas, was unsere Entscheidungen normativ beschränkt und was nicht selbst das Resultat einer weiteren Beschränkung ist. Manches erstreben wir ja um seiner selbst willen und nicht aus dem Grund, weil wir dadurch noch etwas Weiteres erreichen wollen. Hier spricht Kant von einer »oberste[n] einschränkenden Bedingung« (IV: 438). Ein Zweck »an sich selbst« schließlich ist eine »oberste« einschränkende Bedingung in diesem Sinne, und dabei eine, die diesen Status ganz unabhängig von mir und meinen Zielsetzungen hat.

Also: Zwecke spielen generell die normative Rolle einer einschränkenden Bedingung im Entscheiden, und manche von ihnen sind »oberste« einschränkende Bedingungen. Ist das eine nützliche und plausible Begriffsbestimmung? Ja. Wie gesagt: Oftmals sprechen wir im Alltag von Zwecken als »zu bewirkenden« Zwecken. Es gibt jedoch weitere Redeweisen, mit denen wir Zwecke thematisieren. Und diese weiteren Redeweisen passen genau zu Kants Definition. Zum Beispiel thematisieren wir Zwecke mit Ausdrücken wie »um … willen« und »… zuliebe«. Mit Phrasen dieser Art bilden wir Adverbien, die Zwecke benennen. Und das geht nicht nur mit »zu bewirkenden« Zwecken. Zwar kann ich etwas *um des Erfolgs willen* oder *meiner Gesundheit zuliebe* tun, und dies sind dann »zu bewirkende Zwecke«. (Wir könnten ja auch sagen, dass ich bezwecke, *dass* ich Erfolg habe oder *dass* ich gesund bin.) Ebenso gut kann ich aber etwas *Peter zuliebe* oder *um der alten Zeiten willen* tun. Diese Redeweisen lassen es also zu, dass wir Personen oder auch bereits bestehende Sachverhalte als Zwecke benennen. (Hier finden wir nicht so leicht eine passende Paraphrase, die etwas Herbeizuführendes benennt.)

In all diesen Fällen geht es jedoch in genau dem Sinne um Zwecke, den Kant identifiziert: Wir benennen jeweils etwas, das eine beschränkende Rolle in unserem Entscheiden spielt –

etwas, *um dessen willen* oder *dem zuliebe* wir bestimmte Mittel und Ziele wählen oder nicht. Kurzum: Es gibt in unserem Alltagsdiskurs eine weite Kategorie eines Zwecks, die auch Zwecke umfasst, die wir nicht herbeiführen. Und diese Kategorie wird von Kants funktionaler Definition erfasst.

Wichtig ist natürlich vor allem, dass wir *Personen* in dieser Weise als Zwecke thematisieren können. Ich kann eben *meiner Oma zuliebe* oder *um Peters willen* bestimmte Dinge tun. Und tatsächlich werden Personen durch diese Redeweise als »Zwecke an sich selbst« angeführt – als oberste einschränkende Bedingungen also, die in keiner Weise von Zielsetzungen meinerseits abhängen. Wenn es in letzter Instanz nur meinen eigenen Zielen dient, einen Umweg zu fahren, kann ich nicht sagen, ich täte es *um Peters willen.* Und wenn ich durch einen Besuch bei Oma nur mein eigenes Gewissen beruhigen will, kann ich nicht sagen, ich täte es *Oma zuliebe.* Wir sprechen von Personen in Kants Sinne als obersten einschränkenden Bedingungen, und als »Zwecken an sich selbst«.

Damit verstehen wir Kants Formel bereits ein wenig genauer: Wir sollen bei jeder unserer Entscheidungen prüfen, ob wir sie (in einem bestimmten Sinne, s. u.) auch *um aller anderen Personen willen* so treffen können.

Tatsächlich sind wir nun auch in der Lage, die Verbindung zur »Gesetzesformel« des kategorischen Imperativs nachzuvollziehen. Angenommen, ich stehe vor der Frage, ob ich ein falsches Versprechen geben darf. Im Einklang mit der Gesetzesformel frage ich mich, ob ich wollen kann, dass alle Menschen nach meiner Maxime handeln, dass also alle Menschen diese Entscheidung aus diesen Gründen treffen. Ich bemerke, dass ich das nicht wollen kann. Nun gilt: Wenn ich aus diesem Grunde darauf verzichte, dann verzichte ich *um der anderen Personen willen* darauf. Es ist ja der Gedanke an diese Anderen und an das, was sie tun können, der hier als einschränkende Bedingung dient. Und das bedeutet: Diese Anderen spielen exakt die Rolle eines *Zwecks an sich selbst* in meinem Entscheiden. *Indem* ich mich an der ersten Formel orientiere, tue ich genau das, was die zweite Formel verlangt.

Tatsächlich ist es uns nun möglich, den exakten Wortlaut der Zweckformel zu verstehen. Es wird bisweilen übersehen (und auch wir haben es bisher nicht gewürdigt), dass es speziell die »Menschheit« in einer Person ist, die wir als Zweck behandeln sollen. Was heißt das? Das, was Kant »Menschheit« nennt, ist nichts anderes als die Fähigkeit, frei seine eigenen Entscheidungen zu treffen.[26] Denken wir nun an die »Gesetzesformel«, bemerken wir, dass es genau diese Fähigkeit ist, die unsere Entscheidungen beschränken soll. Wir sollen ja nur solche Entscheidungen treffen, bei denen wir wollen können, dass alle Vernunftwesen sie ebenso treffen. Was uns hier also beschränkt, *ist* also gerade die gleiche Fähigkeit von Personen, frei ihre eigenen Entscheidungen zu treffen. Die Frage, ob die eigene Maxime als Gesetz gewollt werden kann, *ist damit nichts anderes* als die Frage, ob unsere Entscheidung damit vereinbar ist, dass alle Vernunftwesen ihre Entscheidungsfähigkeit in der gleichen Weise realisieren können wie wir.

26 Tatsächlich äußert sich Kant an verschiedenen Stellen etwas unterschiedlich darüber, welche Eigenschaften die Menschheit in einer Person umfasst. Ein wesentlicher Bestandteil ist jedenfalls das, was er in der *Grundlegung* die »vernünftige Natur« (IV: 429, s. u.) nennt. Ein anderer Bestandteil, der in der *Metaphysik der Sitten* klar benannt wird, ist »das Vermögen, sich überhaupt irgendeinen Zweck zu setzen« (vgl. VI: 392). Ich stimme Thomas E. Hill (1980, S. 85 f.) zu, dass damit die für Kant zentralen Elemente der Menschheit auch schon benannt sind. Die Menschheit in einer Person ist also ihre Fähigkeit, sich frei und aufgrund vernünftiger Überlegung Ziele zu setzen.

Umgekehrt gilt: Handle ich der »Gesetzesformel« *zuwider*, treffe ich eine Entscheidung, die nur deshalb möglich ist, weil andere Personen sich stärker als ich einschränken. In diesem Sinne beruht sie auf ungleichen Einschränkungen in den Entscheidungsspielräumen von Personen. Ich betrachte die Entscheidungsspielräume der Anderen als etwas, das mir zugutekommen sollte – als ein Mittel.

Sich zu fragen, ob die eigene Maxime Gesetz sein kann, *bedeutet* also, die Menschheit (i. e. die Fähigkeit zu freiem Entscheiden) aller Personen als einen Zweck (i. e. als oberste einschränkende Bedingung) zu behandeln. Kant beschreibt diese Äquivalenz ganz explizit:

> [D]aß ich meine Maxime [...] auf die Bedingung ihrer Allgemeingültigkeit, als eines Gesetzes für jedes Subject einschränken soll, sagt eben so viel als [...] das vernünftige Wesen selbst, muß niemals als bloßes Mittel, sondern als oberste einschränkende Bedingung im Gebrauche aller Mittel, d. i. jederzeit zugleich als Zweck, allen Maximen der Handlungen zum Grund gelegt werden. (IV: 438)

Aus diesem Grunde ist es ein Fehler, Kants Zweckformel gegen andere Formulierungen des kategorischen Imperativs auszuspielen (wie es z. B. Allen Wood tut). Richtig verstanden sind diese Formulierungen äquivalent. Sie heben lediglich andere Aspekte hervor. Kant selbst stellt es auch so dar (vgl. IV: 436): Die Gesetzesformel gibt uns eine »Form« an – ein strenges Prüfverfahren, dem wir unsere Maximen unabhängig von ihrem Inhalt unterziehen können. Die Zweckformel hingegen gibt uns eine »Materie« oder einen »Zweck«. Sie sagt, welcher Zweck im Hintergrund dieses Verfahrens steht. Diesem Verfahren zu folgen *bedeutet*, wie gesagt, einfach, um der gleichen Entscheidungsmöglichkeiten aller Vernunftwesen willen die Wahl von Maximen zu beschränken.

11 Die Autonomieformel und das »Reich der Zwecke«

Neben der Gesetzesformel und der Zweckformel begegnet uns in der *Grundlegung* eine dritte Formulierung des kategorischen Imperativs. Sie wird oft als die »Autonomieformel« bezeichnet.

In einer sehr gedrängten Passage (IV: 431) erklärt Kant, dass sich diese dritte Formulierung ergibt, wenn man die zwei Aspekte zusammenfasst, die die zwei vorigen Formeln betonen. Der erste Aspekt war ja dieser: Der Gesetzesformel zufolge dürfen wir nur solche Entscheidungen fällen, die wir als verbindliche Regel für Alle denken und wollen können. Wir müssen uns also als Urheber von *Gesetzen für alle Vernunftwesen* ansehen können. Die Zweckformel besagt – und dies ist der zweite Aspekt –, dass wir damit zugleich die gleichen Entscheidungsmöglichkeiten Aller als Einschränkung akzeptieren. Wir müssen uns im moralischen Entscheiden also als *Agenten der gleichen Freiheiten aller Vernunftwesen* ansehen können.

Wir orientieren uns also erstens an der Frage, welche Maximen Gesetze *für alle Vernunftwesen* sein können, und zweitens daran, welche Maximen wir *im Namen aller Vernunftwesen* als Gesetze bejahen können. Diese beiden Aspekte fasst Kant in dem Ausdruck zusammen, dass wir uns in der Wahl von Maximen als »allgemein-gesetzgebend« sehen können müssen (IV: 431).

Genau dies soll die dritte Formel des Sittengesetzes besagen. Kant formuliert sie nicht explizit, aber er führt aus, dass die Idee der dritten Formel »die Idee *des Willens jedes vernünftigen Wesens als eines allgemein gesetzgebenden Willens*« (ibid.) sei. Der Gedanke, dass der Wille allgemein gesetzgebend sein muss, schließt dabei sowohl ein, dass wir unsere

Maximen als Gesetze für alle Vernunftwesen (also *für die Allgemeinheit*) sehen können müssen, als auch, dass wir sie uns als im Namen aller Vernunftwesen (also *im Namen der Allgemeinheit*) erlassen denken können müssen.

Wieso fasst Kant diese beiden Aspekte in dieser Form zusammen? Um das besser verstehen zu können, müssen wir etwas weiter ausholen. Im Hintergrund von Kants Überlegungen steht ein Gedanke von Jean-Jacques Rousseau (1712–1778). Rousseau hat in *Du contrat social* (*Vom Gesellschaftsvertrag*, 1762) ausgeführt, dass uns das soziale Zusammenleben von Personen vor ein grundsätzliches Problem stellt: Dieses Zusammenleben, so Rousseau, benötigt verbindliche Gesetze. Gleichzeitig ist eine Form des Zusammenlebens aber nur dann legitim, wenn sie uns freie Individuen bleiben lässt. Wie ist beides zusammen möglich? Rousseaus Antwort lautet, dass dies nur dann möglich ist, wenn jeder, der diesen Gesetzen *untersteht*, sich zugleich als deren *Urheber* verstehen kann. Unter der Voraussetzung, dass dies gilt, ist jeder, der die Gesetze befolgt, in dem Sinne frei, dass er dabei nur seinen eigenen Entscheidungen folgt.

Rousseau zufolge ist dies nur durch eine bestimmte, demokratische Form der Gesetzgebung möglich. Wir können uns hier nicht näher mit der politischen Philosophie Rousseaus befassen (obgleich sie zweifellos einer der wichtigsten Einflüsse für Kants Ethik ist). Wichtig ist an dieser Stelle nur, dass Kant der Meinung ist, dass sein kategorischer Imperativ *in der Ethik* genau jene Bedingung erfüllt, die Rousseau in der Politik für wichtig hielt.[27] Der kategorische Imperativ ist die Regel, die da-

27 Wir können hier nicht auf die Frage eingehen, ob Kant Rousseaus Ideen *auch in der Politik* befürwortet hat. Kants politische Philosophie ist ein schwieriges, noch immer nicht genug erforschtes Thema, und speziell ihre Beziehung zu seiner Ethik ist unklar. Für

für sorgt, dass wir alle uns *als Miturheber jedes verbindlichen moralischen Beschlusses* ansehen können.

Warum ist das so? Wann immer jemand eine moralische Entscheidung trifft, wissen wir: Er hat sich im Zusammenhang seiner Entscheidung gefragt, ob jeder von uns anderen Vernunftwesen ebenfalls nach dieser Maxime handeln kann. Er oder sie hat auf diese Weise unsere gleichen Freiheitsansprüche als Einschränkung berücksichtigt, und er oder sie würde, wenn nötig, um unserer gleichen Freiheiten willen seine Pläne geändert haben. Aus diesem Grunde können wir uns als *an dieser Entscheidung beteiligt* verstehen. Unser Anspruch auf gleiche Entscheidungsfreiheiten diente als kritische Instanz.

Wer also moralisch entscheidet, der folgt Maximen, in Bezug auf die er sichergestellt hat, dass er sie auch im Namen der gleichen Freiheiten Aller bejahen kann. In diesem Sinne muss sich ein moralischer Akteur als *Repräsentant einer Gemeinschaft von vernünftigen Wesen* betrachten, der nur solche Entscheidungen trifft, die jedes Glied dieser Gemeinschaft ebenfalls treffen könnte. Und jedes andere Wesen kann sich angesichts einer jeden moralischen Entscheidung anerkannt fühlen – anerkannt als jemand, dessen gleiche Ansprüche bei der Entscheidung Beachtung gefunden haben.

In Anlehnung an Rousseau liegt es nahe, hier politische Metaphern zu verwenden. Kant tut dies auch selbst, wenn er ausführt, jedes Vernunftwesen könne sich angesichts jeder moralischen Entscheidung gleichsam als ein »Glied« (IV: 438) in einer gemeinsamen »Gesetzgebung« verstehen. Gesucht werden in einer moralischen Entscheidung nicht nur Maximen, die Gesetze sein können. In gewissem Sinne werden diese Geset-

einen Überblick und einen Beitrag zur aktuellen Debatte vgl. z. B. Horn (2014).

ze in einer moralischen Entscheidung auch *gemeinschaftlich* gesucht.

Diesen Gedanken gilt es richtig zu verstehen. Wir sind natürlich nicht in dem Sinne an jeder moralischen Entscheidung beteiligt, dass man uns um unsere Zustimmung bitten müsste. Es geht nicht darum, ob wir gerne möchten oder nicht, dass ein Akteur eine Handlung vollzieht. Die gemeinsame Gesetzgebung ist also keine, bei der jeder seine Vorlieben in die Waagschale wirft. Was in der gemeinsamen Gesetzgebung vielmehr Berücksichtigung findet, ist *ein* zentraler Anspruch, den jeder von uns hat: der gleiche Anspruch darauf, frei zu entscheiden. Nicht als Subjekte irgendwelcher Neigungen, sondern als Träger dieses Anspruchs sind wir Teile einer gemeinsamen Legislative.

Kant findet für diese Gemeinschaft die treffende Bezeichnung eines »Reiches der Zwecke« (IV: 433). Diese Bezeichnung umfasst zweierlei: Erstens handelt es sich um eine Gemeinschaft von Vernunftwesen, die alle die Rolle einer *obersten einschränkenden Bedingung*, also eines *Zwecks*, bei jeder Entscheidung spielen. Jedes Glied dieser Gemeinschaft gestaltet jede seiner Entscheidungen so, dass er sie auch um der gleichen Freiheiten der anderen willen bejahen kann. Die Individuen, die dieses Reich bilden, sind also selbst Zwecke für einander.

Zweitens sind dann auch die spezifischeren Zwecke, die sie sich in ihrem Handeln setzen, so beschaffen, dass sie allen anderen Vernunftwesen gleiche Entscheidungsspielräume belassen. In diesem Sinne sind auch ihre Vorhaben zumindest im Prinzip vereinbar, und bilden also ein aufeinander abgestimmtes System.

Hinter der Autonomieformel verbirgt sich also der Gedanke einer gemeinsamen Legislative für eine Gemeinschaft aller Vernunftwesen. Dieser Gedanke ist, so Kant, ein »Gesichtspunct[]«, aus dem jedes Vernunftwesen sein Tun beurteilen soll. Und genau das fordert der kategorische Imperativ.

Moralische Akteure können sich also als Teil einer gemeinsamen Legislative für ein Reich der Zwecke betrachten. Aber das, so Kant, bedeutet, dass für moralische Regeln genau das gilt, was Rousseau im Bereich des Politischen gesucht hat. Zwar *beschränkt* uns die Moral, aber sie beschränkt uns nur durch *selbstgegebene* Gesetze. Wir sind in jeder moralischen Entscheidung Teil der Legislative. Das Sittengesetz, so könnte man sagen, dient als eine Art Verfassung, die garantiert, dass jedermanns Ansprüche auf Freiheit gleiches Gewicht in jeder Entscheidung bekommen.[28] Daher können wir uns alle konkreten moralischen Verdikte als Gesetze denken, die wir uns selbst gegeben haben. In diesem Sinne wird diese dritte Formulierung des kategorischen Imperativs auch als die *Autonomieformel* bezeichnet. Sie drückt aus, dass die Möglichkeit dieser gemeinsamen *Selbstgesetzgebung* einer Gemeinschaft vernünftiger Wesen der Kern der Forderungen der Moral ist.

Kant betont, dass das moralische Gesetz daher keine fremde Forderung ist:

> Der Wille wird also nicht lediglich dem Gesetze unterworfen, sondern so unterworfen, daß er auch *als gesetzgebend*, und eben um deswillen allererst dem Gesetze (davon er selbst sich als Urheber betrachten kann) unterworfen, angesehen werden muß. (IV: 431)

Moralische Regeln wie die, kein falsches Versprechen zu geben, sind nicht nur zufällig auch Regeln, die um unser aller gleichen Freiheiten willen bejaht werden müssen. Solche Regeln gelten vielmehr nur deshalb, *weil* sie sich aus Überlegungen ergeben, die unsere gleichen Freiheiten mitberücksichti-

28 Der hilfreiche Vergleich der Rolle des Sittengesetzes mit der Rolle einer Verfassung findet sich bei A. Reath (2006) S. 109 ff.

gen. Wir unterstehen diesen Regeln nur deshalb, *weil* wir als Teil der Legislative, die an ihrer Festlegung beteiligt war, gelten können.

Dies ist ein entscheidender Gedanke in Kants Ethik: Nur als Wesen, die moralisch entscheiden, sind wir Kant zufolge wirklich selbstbestimmt. Das erscheint vielen heutigen Lesern als paradox. Ist Moral nicht gerade eine *Einschränkung* unserer Selbstbestimmung? Sind wir nicht *weniger* Herr unserer selbst, je mehr wir versuchen, moralischen Vorschriften gerecht zu werden?

Wir haben soeben eine positive Hinsicht kennengelernt, in der Kants Ethik tatsächlich als eine Ethik der Autonomie gelten kann. Die Befolgung des kategorischen Imperativs sorgt dafür, dass wir uns in einem wichtigen Sinne als Miturheber aller spezifischen moralischen Gebote und Verbote verstehen können. Wir haben das oben mit Hilfe einer politischen Metapher ausgedrückt: Der kategorische Imperativ lässt sich als eine Verfassung verstehen, die dafür sorgt, dass jeder von uns in jeder moralischen Entscheidung die Rolle einer kritischen Instanz spielt. Daher dürfen wir uns als Teil der Legislative verstehen, die über jede spezifische moralische Vorschrift entscheidet. Die Vorschrift z. B., keine falschen Versprechen zu geben, ist daher keine uns auferlegte, äußerliche Forderung. Wir sind ihre Miturheber, und daher sind wir in ihrer Befolgung autonom.

Außerdem macht uns die Moral auch in einem zweiten, negativen Sinne autonom. Sie zwingt uns nämlich dazu, uns von den Faktoren zu befreien, die unsere Selbstbestimmung beeinträchtigen. Wie wir in Kapitel 2 erklärt haben, beruht moralisches Denken ja gerade darauf, dass man seinen Neigungen keine Autorität gibt. Ein moralischer Akteur handelt nie einfach nur deshalb, weil er sich etwas wünscht oder weil er etwas fürchtet oder auf etwas hofft. Er tut es erst dann, wenn er sichergestellt hat, dass diese Handlung mit der Achtung vor der gleichen Freiheit aller Menschen vereinbar ist. In diesem Sinne tritt ein Akteur durch die Moral *in kritische Distanz* zu seinen inneren Neigungen. Korsgaard (1997) findet dafür die treffende Metapher, dass ein solcher moralischer Akteur nicht von seinen Neigungen »herumgeschubst« wird. Er gibt ihnen keinerlei Raum in seinem Handeln, bis er nicht geklärt hat, ob dies Handeln mit der Vernunft vereinbar ist.

Kant zufolge machen wir einen Fehler, wenn wir unterstellen, Selbstbestimmung bedeute das zu tun, was man will. Zu tun, was man will, kann bedeuten, von seinen Wünschen »herumgeschubst« zu werden. Auch äußere Autoritäten oder Zwangssysteme machen uns nicht zuletzt dadurch unfrei, dass sie *inneren* Zwang in uns erzeugen. Der böse Diktator kann uns nicht zuletzt deshalb unterdrücken und zu allen möglichen Handlungen zwingen, weil wir Angst vor Sanktionen haben (oder weil wir seinem Charisma in Liebe und Bewunderung verfallen sind). Natürlich kann er uns *auch* physisch einschränken, uns fesseln, verletzen oder töten lassen. Einfluss auf unser *Entscheiden* gewinnt er jedoch dadurch, dass wir uns vor derlei Sanktionen fürchten und sie zu umgehen wünschen. Dieser tiefere Zwang setzt also gerade bei unseren Neigungen an.

Selbstbestimmung bedeutet daher, gerade nicht unsere Neigungen, sondern *uns selbst* zu ermächtigen. Dass wir unseren gegebenen Neigungen als eine *unabhängige Instanz* gegenübertreten können, ist etwas, das uns die Moral ermöglicht. Gerade die Moral macht uns zu Wesen, die z. B. fragen: »Natürlich würde ich jetzt am liebsten zuschlagen – aber *darf* ich das auch?«, oder: »Natürlich habe ich eine Heidenangst – aber *muss* ich es nicht trotzdem tun?« Indem sie auf jede Neigung ein kritisches »Aber« folgen lässt, ermöglicht die Moral uns unsere kritische Unabhängigkeit. Dadurch werden wir mehr als nur die Summe unserer Neigungen, sondern selbstständige

Autoritäten. Wenn wir uns an die absoluten Einschränkungen der Moral halten, dann hat auch die Angst vor einem Diktator nicht mehr die Macht, inneren Zwang zu erzeugen.[29]

In diesem doppelten Sinne ist Kants Ethik eine Ethik der Autonomie: In einer positiven Hinsicht erlaubt sie es uns, wie gesagt, uns als Teil der Legislative hinter allen Ge- und Verboten der Moral zu sehen. In einer negativen Hinsicht macht sie uns unabhängig von den Faktoren, die uns sonst unfrei machen – von unseren Ängsten und Gelüsten, von Einschüchterung und Attraktion, usw.

Hierin, so Kant, liegt ein wichtiger Unterschied zu anderen Entwürfen in der Ethik. Es gibt einen Grund, warum

> alle bisherige Bemühungen, die jemals unternommen worden, um das Princip der Sittlichkeit ausfündig zu machen, […] insgesamt haben fehlschlagen müssen (IV: 432).

Sie alle nämlich konnten ihre Verbindlichkeit nur durch unsere Neigungen sichern:

> Denn, wenn man sich [den Willen] nur als einem Gesetz (welches es auch sey) unterworfen dachte, so musste dieses irgend ein Interesse als Reiz oder Zwang bey sich führen […]. (IV: 432 f.)

29 Das zeigt natürlich auch, dass fast keiner von uns das Ideal absoluter Moralität erreichen wird. Aber Kants Punkt ist nicht, dass wir alle moralisch und autonom *sind.* Er will zeigen, dass Autonomie *durch* Moral möglich wird, statt im Gegensatz zu ihr zu stehen. Niemals würde Kant bestreiten, dass Moralität und Autonomie so hohe Ansprüche stellen, dass die Perfektion für die meisten von uns unerreichbar ist.

Egal, ob uns die z. B. Liebe zu (oder die Furcht vor) Gott motiviert, oder ob uns der Wunsch zur Beförderung des Wohls der Menschheit antreibt: Immer sind wir von unseren Neigungen angetrieben. Daher bekam »man [...] niemals Pflicht, sondern Nothwendigkeit der Handlung aus einem gewissen Interesse heraus« (IV: 443), und es resultierte nicht Autonomie, sondern »Heteronomie« (IV: 441).

Aus Kants Vorstellung von einer Ethik der Autonomie ergibt sich damit auch eine spezielle Erklärung für die *Autorität der Moral*. Es ist ja eine uns durchaus vertraute Frage, warum wir die Moral eigentlich so wichtig nehmen sollten. Wieso darf die Moral Anspruch darauf erheben, über uns zu bestimmen?

Kant glaubt, dass in seinem Autonomiegedanken die einzig befriedigende Antwort auf diese Frage liegt. Ähnlich wie Rousseau in der politischen Philosophie argumentiert Kant in der Ethik so: Wir benötigen keine externe Quelle der Verbindlichkeit, die erklärt, warum die Moral über uns bestimmen darf. Dass die Moral über uns bestimmt, bedeutet nämlich nichts anderes, als dass *wir* über uns selbst bestimmen. Die Autorität der Moral beruht also auf der Autorität, die sie uns als autonomen Handelnden zuerkennt. Sofern wir also unsere Fähigkeit zu eigenem Entscheiden wichtig nehmen, haben wir auch einen guten Grund, moralisch zu sein. Kant formuliert den Punkt so:

> Und was ist es denn nun, was die sittlich gute Gesinnung oder die Moral berechtigt, so hohe Ansprüche zu machen? Es ist nichts geringeres als der *Antheil*, den sie dem vernünftigen Wesen *an der allgemeinen Gesetzgebung* verschafft [...]. (IV: 435)

12 Würde und »das Verhältnis vernünftiger Wesen zu einander«

Wenn wir versuchen, die bisherigen Resultate extrem zuzuspitzen, können wir zusammenfassen: Kants Ethik beruht in ihrem Kern auf der Einsicht, dass die vernünftige Prüfung der eigenen Gründe und die Anerkennung der gleichen Ansprüche aller Vernunftwesen Hand in Hand gehen. Wir prüfen die Stichhaltigkeit unserer Gründe, indem wir fragen, ob sie allgemeingültig sein können. In dieser Frage liegt zugleich die Anerkennung der gleichen Wichtigkeit der Freiheitsspielräume aller Vernunftwesen. Wir nehmen damit die Perspektive einer gemeinsamen Gesetzgebung ein.

Es wird nicht oft genug betont, dass Kants Ethik damit ganz zentral auf der Idee *eines wechselseitigen Verhältnisses von vernünftigen Wesen zueinander* beruht. Die Diskussion der Zweckformel und der Autonomieformel haben gezeigt, dass der kategorische Imperativ von uns verlangt, die gleichen Freiheiten aller vernünftigen Wesen zum entscheidenden Kriterium für eine Handlung zu machen. Damit setzt moralisches Denken uns in eine besondere Beziehung zu allen anderen Vernunftwesen: Jeder von uns kann sich angesichts der Entscheidungen eines moralischen Akteurs in einer gewissen Weise anerkannt fühlen. Wir wissen, dass unsere gleichen Ansprüche auf Freiheit für den Akteur eine entscheidende Rolle gespielt haben, und dass er, wenn nötig, um unseretwillen von seinem Vorhaben Abstand genommen hätte. Insofern wir moralisch handeln, tun wir das gleiche. Wir können uns also als Teil einer Gemeinschaft verstehen, die nicht nur, wie Kant schreibt, eine gemeinsame Legislative bildet, sondern in der jeder Einzelne durch seine Entscheidungen den Anspruch der Anderen, Teil dieser gemeinsamen Legislative zu sein, bejaht.

Obwohl der Begriff »Anerkennung« erst bei späteren Philosophen wie Johann Gottlieb Fichte (1762–1814) und Georg Friedrich Wilhelm Hegel (1770–1831) Prominenz erlangt, erscheint es mir naheliegend, dass der kategorische Imperativ die *wechselseitige Anerkennung* unserer gleichen Ansprüche auf Freiheit artikuliert. In jedem Falle macht Kant es unmissverständlich deutlich, dass für seine Ethik diese Forderung eines bestimmten intersubjektiven Verhältnisses zentral ist. Kant sagt:

> Die practische Nothwendigkeit, nach [dem kategorischen Imperativ] zu handeln, beruht gar nicht auf Gefühlen, Antrieben und Neigungen, sondern bloß auf dem Verhältnisse vernünftiger Wesen zu einander [...]. (IV: 434)

Er erklärt weiter, dass damit das Verhältnis gemeint ist, einander als gleichberechtigte Glieder einer gesetzgebenden Gemeinschaft zu verstehen.

Anhänger Fichtes und Hegels mögen darauf pochen, dass dies nicht das konkrete Verhältnis von Personen erfasst, das jene Philosophen mit dem Begriff Anerkennung verbunden haben. Ich bin sicher, dass das stimmt. Es wäre jedoch ein Fehler, zu übersehen, dass die Idee eines bestimmten intersubjektiven Verhältnisses für Kants Ethik ähnlich zentral ist wie für sie.

Kant verwendet einen wichtigen Begriff für den Status, den wir im Zuge moralischen Entscheidens allen Vernunftwesen zuweisen: den Begriff *Würde*. Obwohl die Begriffsgeschichte des Ausdrucks weit zurückreicht[30], darf man sagen, dass die zentrale Stellung unseres heutigen Begriffs der Menschenwürde sich in besonderem Maße Kant verdankt.

Kant unterscheidet zunächst zwei verschiedene Arten von Wert (vgl. IV: 434 f.). Manches von dem, was wir wertvoll fin-

30 Vgl. z. B. Rosen (2012), passim.

den, hat das, was Kant einen »Preis« nennt. Das bedeutet nicht unbedingt, dass es käuflich ist. Wenn etwas Wert im Sinne eines Preises hat, dann ist damit erstens gemeint, dass sein Wert *vergleichbar* ist. Es ist mir z. B. wichtig, dieses Buch rechtzeitig fertigzustellen. Noch wichtiger ist es mir aber, heute auf ein Konzert zu gehen. Dass ich den Wert dieser Ziele abwägen kann, qualifiziert ihren Wert als Preis. (So drücken wir es im Alltag auch aus. Wir sagen etwa, eine Verzögerung mit dem Buch sei »der Preis dafür«, dass ich lieber auf das Konzert gehe.) Zweitens sind Preise »relative« Werte (vgl. ibid.). Etwas hat einen Preis, sofern es einer Neigung oder einem einfachen Wohlgefallen unsererseits entspricht. Die genannten Ziele z. B. haben deshalb Wert für mich, weil mir etwas an dem Buch liegt und ich gerne auf das Konzert möchte.

Diese beiden Charakteristika treffen nicht auf die zweite Art von Wert zu, nämlich auf die »Würde«. Die Würde ist erstens ein Wert, der »unvergleichbar[]« (IV: 436) ist, der sich also – anders als Preise – gar nicht gegen andere Werte abwägen lässt. Zweitens ist Würde kein relativer, durch unsere Reaktionen bedingter Wert, sondern ein »innerer« Wert. Würde gebietet zwar eine Reaktion, die Kant »Achtung« (IV: 436) nennt. Dieser Wert *beruht* jedoch nicht auf jener Reaktion.[31]

Diese Würde kommt nun, Kant zufolge, gerade uns Vernunftwesen zu. Wir sind es, die diesen unvergleichbaren und inneren Wert aufweisen, der Achtung verdient. Viele Autoren haben an dieser Stelle geglaubt, dass Kant mit diesen Wertaussagen mehr und anderes sagt, als sein kategorischer Imperativ umfasst. Viele von ihnen glauben sogar, dass wir in diesen Aussagen die eigentliche *Grundlage* der Ethik Kants vor uns haben.

31 Kant widmet der Achtung ein interessantes, aber auch schwieriges Kapitel der *Kritik der praktischen Vernunft* (vgl. V: 71 ff.). Ich kann in dieser Einführung aus Platzgründen auf dieses spannende Thema in Kants Moralpsychologie leider nicht eingehen.

Allen Wood (1999) und Barbara Herman (1993) behaupten etwa, Kants Ethik beruhe letztlich auf der These, dass es so einen Wert von Personen gebe. Sie denken also, dass z. B. die Gesetzesformel des kategorischen Imperativs (vgl. Kap. 6) aus dieser These *abgeleitet* wird. Demnach sollen wir nur deshalb nach den Maximen handeln, die wir als Gesetze wollen können, *weil* Vernunftwesen jene Würde haben und Achtung verdienen.

Diese wertbasierte Deutung scheint jedoch erstens an Kants eigener Argumentation vorbeizugehen. Vorausgesetzt, dass die Würde das *Fundament* der Ethik Kants ist: Warum dann alle seine Versuche, den kategorischen Imperativ unabhängig davon als ein Vernunftgesetz auszuweisen?

Diese Deutung geht zweitens an der Art und Weise vorbei, wie Kant selbst die Würde von Personen erläutert. Seine Rede von Würde als einem inneren Wert ist mitreißend, aber sie artikuliert nichts anderes als das, was sich direkt aus seinen Argumenten und seinem Sittengesetz ergibt. Er macht dies unmissverständlich klar, wenn er schreibt: »*Autonomie* ist [...] der Grund der Würde der menschlichen und jeder vernünftigen Natur« (IV: 436). Ganz ähnlich heißt es:

> [D]ie Würde der Menschheit besteht eben in dieser Fähigkeit, allgemein-gesetzgebend, obgleich mit dem Beding, eben dieser Gesetzgebung selbst zugleich unterworfen zu seyn. (IV: 440).

Unsere Würde ist also kein unabhängiger Wert, sondern sie *besteht* Kant zufolge in unserer Autonomie, also unserer Teilhabe an der Legislative für ein Reich der Zwecke. Diese Würde zu achten, bedeutet demnach einfach, diese Autonomie zu achten. Das tun wir, wie gesagt, indem wir unsere Entscheidungen in einer Weise treffen, die jedes dieser Wesen als Teil einer gemeinsamen Legislative behandelt. Und *das* tun wir, indem wir nach dem kategorischen Imperativ entscheiden.

In Kants Ethik begründet also nicht die Würde den kategorischen Imperativ. Dieser Imperativ ist eine Vernunftwahrheit, die keiner solchen Begründung bedarf. Vielmehr sind die Prioritäten folgende: Der kategorische Imperativ definiert ein Entscheidungsverfahren, und dieses Verfahren seinerseits weist Personen einen bestimmten Status zu – eben ihre Würde. Diese Würde zu achten, bedeutet dann nichts anderes, als diesem Entscheidungsverfahren zu folgen.

Kants Rede von Würde lässt sich am Besten verstehen, wenn man sie mit der *Würde eines Amtes* in Verbindung bringt. Wir behandeln manche Menschen als Würdenträger, weil sie eine bestimmte Position innehaben. Kants Idee ist ähnlich: Unsere Würde ist die Würde eines gesetzgebenden Gliedes im Reich der Zwecke. Sie kommt uns als Trägern dieser speziellen Funktion zu, und diese Würde zu achten bedeutet, nach den Regeln zu verfahren, die dieses Amt definieren. Wir achten sie also nicht durch irgendeine eigentümliche Art von Einstellung, aus der sich dann die Orientierung am kategorischen Imperativ ergibt. Sondern die Orientierung am kategorischen Imperativ ist nichts anderes als eben die adäquate Weise, diese Würde zu achten.

Damit wird verständlich, inwiefern Würde ein »unvergleichbarer« Wert ist. Gewöhnliche Werte sind Größen, die wir bei der Entscheidung zwischen verschiedenen Optionen gegeneinander abwägen. (So verhält es sich etwa mit der rechtzeitigen Fertigstellung dieses Buches und dem Konzertbesuch.) Wir erkennen nun aber, dass unsere *Würde* strukturell anders funktioniert. Die Achtung der Würde ist kein Ziel neben anderen, und wir müssen Würde daher nicht gegen den Wert jener Ziele abwägen. Ein moralischer Akteur betrachtet den kategorischen Imperativ ja als etwas, das den Spielraum seiner Entscheidungen von vornherein einschränkt. Der Wert verschiedener Handlungen und Konsequenzen kommt für ihn erst dann zur Sprache, wenn er sichergestellt hat, dass alle diese Optionen mit dem kategorischen Imperativ vereinbar sind. In diesem Sinne ist die Achtung vor der Würde – und das ist nichts anderes als die Befolgung jenes Imperativs – der Abwägung zwischen verschiedenen wertvollen Zielen vorgeschaltet. Würde wird also dadurch geachtet, dass wir nach wertvollen Zielen und Aktivitäten *erst innerhalb eines Rahmens fragen*, der durch die gleichen Ansprüche aller Vernunftwesen auf freies Entscheiden *definiert wird*.

Genaugenommen behauptet Kant sogar noch mehr. Nicht jeder Gegenstand unserer Neigungen *hat* automatisch einen relativen Wert oder einen Preis. Er sagt: »[E]s hat nichts einen Werth, als den, welchen ihm das Gesetz bestimmt« (IV: 436). Nur insofern, als unsere Neigungen sich als mit dem Sittengesetz vereinbar erweisen, verleihen sie Zielen und Gegenständen einen Wert.

Auch das entspricht zumindest einigen unserer Intuitionen. Ich sehe ja in der Tat nicht alles das, was mir attraktiv erscheint, sofort als wertvoll an. Vielmehr kann es sich durchaus herausstellen, dass ich etwas nachhänge, das eigentlich wertlos ist. Nur das, was Gegenstand einer vernünftigen, moralisch akzeptablen Neigung ist (also einer Neigung, der nachzugehen im Einklang mit dem kategorischen Imperativ steht), hat tatsächlich einen Wert. Das moralische Gesetz bestimmt daher genauer gesagt den Rahmen, innerhalb dessen Ziele überhaupt wertvoll *sind*. So kann Kant die Würde auch als dasjenige bezeichnen, was den Wert aller anderen Dinge bestimmt (vgl. IV: 436).

In diesem Sinne ist Würde auch ein »innerer« Wert, der nicht von unseren Neigungen abhängt. Neigungen haben für den moralischen Akteur wie gesagt allererst dann potentielle Relevanz, wenn sichergestellt ist, dass ihre Verwirklichung innerhalb des Rahmens möglich ist, den der kategorische Imperativ und also die Achtung vor der Würde aller Personen definiert.

13 Freiheit und Moralbegründung

Wir haben nun die Grundgedanken der Ethik Kants kennengelernt: In jeder unserer Entscheidungen müssen wir berücksichtigen, dass alle anderen Vernunftwesen den gleichen Anspruch darauf haben, ihre eigenen Entscheidungen zu fällen. Deshalb müssen unsere Maximen Gesetze sein können. Nichts an unseren Vorhaben darf also ausschließen, dass alle anderen Vernunftwesen dieselben Vorhaben aus denselben Gründen verfolgen können. Das wiederum bedeutet, dass alle Vernunftwesen eine einschränkende Rolle in unserem Entscheiden spielen (eben als Zwecke an sich selbst). Das bedeutet auch, dass wir in unseren Entscheidungen sozusagen als Vertreter einer Gemeinschaft von Vernunftwesen agieren, die sich gemeinschaftlich selbst Gesetze geben.

Wie wir gesehen haben, ist Kant der Meinung, dass sich diese Forderung letztlich aus der *Idee* der Moral herleiten lässt. In Kap. 2 bis 4 wurde erläutert, wie Kant ein Gesetz mit dem dargestellten Inhalt aus der bloßen Idee des moralischen Handelns (also des Handelns mit einem guten Willen) herleitet. In Kap. 5 wurde gezeigt, dass Kant diese Forderung ebenfalls aus der bloßen Idee einer moralischen Vorschrift (i. e. eines kategorischen Imperativs) herleitet. Wenn es also, so Kants Konklusion, überhaupt eine haltbare Vorstellung von Moral gibt, dann muss sie diesen Inhalt haben.

Damit ist Kants erstes Beweisziel in der *Grundlegung zur Metaphysik der Sitten* erreicht. Wie in Kap. 2 erläutert, geht es in den ersten beiden Abschnitten dieser Schrift ja um den Nachweis, dass die moralische Pflicht, *wenn* es sie denn gibt, keine andere als der kategorische Imperativ sein kann.

Diesem Satz aber kann man, wie Kant erkennt, zustimmen und dennoch skeptisch in Bezug auf die Moral überhaupt sein. Man könnte sagen: Kant hat genau rekonstruiert, was wir über

Moral denken. Aber dennoch beruht dieses Denken auf einem fundamentalen Irrtum. Wir denken und reden zwar so, als gäbe es gültige moralische Vorschriften. Aber in Wahrheit ist Moral nichts weiter als eine haltlose Idee. In Wahrheit gibt es keine gültige moralische Pflicht.

Kant reagiert auf diese Bedenken, wenn er am Ende des zweiten Abschnitts der *Grundlegung* explizit zugibt, die Moral könne sich, den bisherigen Argumenten zum Trotz, immer noch als ein »Hirngespinst« oder als »eine chimärische Idee ohne Wahrheit« (IV: 445) erweisen.

Wie ist das gemeint? Kants Ethik vermeidet ja zunächst einige Voraussetzungen, die viele Philosophen zu Skepsis in Bezug auf Moral bewegen – z. B. die Bezugnahme auf (angeblich) irgendwie merkwürdige objektive Werttatsachen, die unabhängig von unserem Denken existieren.[32] Wenn Kant Recht hat, dann hängt die Gültigkeit der Moral aber gar nicht von solchen metaphysischen Voraussetzungen ab.

Es gibt jedoch eine andere Voraussetzung, die sich als problematisch erweisen könnte. Es könnte ja immerhin sein, dass wir Menschen einfach nicht die Art von Wesen sind, von denen eine Moral etwas fordern kann. (Wir alle kennen solche Wesen: Ein Löwe z. B. tut etwas überaus Unerfreuliches, wenn er mich frisst, aber er tut nichts Unmoralisches.) Das spezielle Bedenken, das Kant umtreibt, hat mit *Freiheit* zu tun. Nur Personen mit einem freien Willen, so Kants Überzeugung, sind Wesen, an die man moralische Forderungen richten kann. Das Bedenken bezieht sich also auf die Frage, ob unser Wille denn im erforderlichen Sinne frei ist.

Kant formuliert dieses Bedenken zunächst in Begriffen der

32 Der Vorwurf, die Moral sei auf »merkwürdige« metaphysische Voraussetzungen angewiesen, wird vor allem von John Mackie (1977) vorgebracht.

moralischen Motivation. Einerseits soll die Pflicht ja unabhängig von unseren bestehenden Neigungen Geltung für uns haben, mit anderen Worten: Sie soll eben kategorisch gelten. Andererseits aber soll die Einsicht in die Pflicht uns zum Handeln motivieren können. Sie muss also entsprechende Motive und Gefühle generieren können.[33] Das ist aber eine überraschende Kombination von Merkmalen. Wie soll die Moral, ohne auf bestehende Motive zu bauen, von selbst die Kraft haben, uns zum Handeln zu bringen? Kant stellt diese Frage so: Wie ist diese Form der »Nöthigung des Willens« (IV: 417) möglich?

Im dritten Abschnitt der Grundlegung formuliert Kant dasselbe Problem nun direkt in metaphysischen Begriffen. Die Moral erfordert nichts weniger, als dass unsere Vernunft in einem fundamentalen Sinne frei ist. Sie soll ja die Geschehnisse in der Welt beeinflussen können, indem sie Einfluss auf unser Handeln nimmt, gleichzeitig aber unabhängig von äußeren Ursachen sein. Der Grund, warum Moral »eine chimärische Idee ohne Wahrheit« sein könnte, bestünde also darin, dass es ein Irrtum sein könnte, dass die Vernunft im erforderlichen Sinne Freiheit besitzt.

Wie genau kommt Kant aber auf die Idee der Freiheit, und wie sieht der Zusammenhang zwischen Moral und Freiheit aus? Hier ist Kant ganz eindeutig. In der *Grundlegung* schreibt er: »[E]in freyer Wille und ein Wille unter sittlichen Gesetzen [ist] einerley« (IV: 447). Freiheit und Moral erfordern einander wechselseitig: *Ohne Freiheit keine Gültigkeit des Moralgesetzes – und umgekehrt.* Henry Allison (1990) nennt diese Behauptung Kants auch seine »Reziprozitätsthese«.

33 In Kap. 6 wurde bereits kurz betont, dass Kant etwas vertritt, das man heute oft *Internalismus* nennt. Dieser Ansicht zufolge schließt genuine moralische Einsicht immer eine Motivation ein, entsprechend zu handeln.

Wie argumentiert Kant dafür, dass es dieses wechselseitige Erfordernis gibt? Betrachten wir beide Richtungen dieses Erfordernisses getrennt. Der etwas weniger verblüffende Teil ist sicherlich die These, dass nur ein freier Wille dem moralischen Gesetz unterstehen kann. Im Wesentlichen haben wir seine Gründe dafür bereits kennengelernt: Echte Moralität liegt ja Kant zufolge nur dort vor, wo wir aus Pflicht und nicht aus Neigung entscheiden. Alle äußeren Ursachen können uns aber nur dadurch zum Handeln bringen, dass sie unsere Neigungen beeinflussen. Wenn z. B. ein Windstoß meinen Arm bewegt, dann ist diese Bewegung keine Handlung meinerseits (d. h. nichts, was ich tue). Um mich zum *Handeln* zu bringen, muss jede äußere Ursache erst eine Neigung in mir erzeugen, die dann eine Handlung motiviert. Nun geht es in moralischem Denken aber um eine Unabhängigkeit von unseren Neigungen. Das bedeutet aber, dass diese Unabhängigkeit von Neigungen eine Unabhängigkeit *von allen äußeren Ursachen* sein muss.

Wie erklärt sich die andere Richtung dieses Wechselverhältnisses? Wieso ist nur derjenige Wille frei, für den das moralische Gesetz gilt? Kant betont zunächst, dass auch die Entscheidungen und Handlungen eines freien Willens nicht zufällig sind. Wir können unsere Entscheidungen und Handlungen nicht als Zufallsprodukte sehen. Es ist ja nicht etwa so, als würden wir zunächst überlegen, was zu tun ist, nur um dann *abzuwarten*, ob wir wohl auch einen entsprechenden Beschluss fällen und entsprechend handeln werden. Im Gegenteil: Gerade als freie Akteure verlassen wir uns darauf, dass unsere Überlegungen *zuverlässig* zu Beschlüssen und dass unsere Beschlüsse *zuverlässig* zu entsprechenden Taten führen. Wenn an irgendeiner Stelle ein Moment des Zufalls im Spiel wäre, würde uns das *weniger* Kontrolle geben – und weniger Freiheit. Kant drückt dies in der *Kritik der praktischen Vernunft* so aus: Auch ein freier Wille muss doch »bestimmbar« (V: 29 / UB 46) sein. Er muss also in der Tat Regeln unterliegen, die garantieren, dass unsere Überlegungen zu bestimmten Beschlüssen und dann zu bestimmten Handlungen führen.

Was für Gesetze können das sein? Es müssen die Gesetze sein, die den Willen als »practische Vernunft« (IV: 412) qualifizieren. Das gesetzmäßige Funktionieren eines Willens besteht darin, dass er *Gründen* gehorcht. Wenn wir überlegen und zu der Überzeugung kommen, dass wir am meisten Grund haben, eine bestimmte Handlung zu vollziehen – dann sollte es keine offene Frage mehr für uns sein, was wir wohl beschließen werden. Wir verlassen uns darauf, dass unsere Willensbeschlüsse unserem Urteil über Gründe gehorchen, und wir *erklären* unsere Entscheidungen auch in der Rückschau durch die Gründe, die nach unserer Auffassung für sie sprachen. In diesem Sinne ist der Zusammenhang zwischen unserem Willen und Gründen kein zufälliger.[34] Ein freier Wille unterliegt also durchaus Gesetzen, allerdings Gesetzen der Rationalität.

Worin besteht dann aber die Unabhängigkeit von äußeren Ursachen, die den Willen doch als frei qualifizieren soll? Äußere Ursachen bringen uns, wie gesagt, nur dadurch zum Handeln, dass sie Einfluss auf unsere Neigungen nehmen. Die Unabhängigkeit des freien Willens würde demnach darin bestehen, *dass er sich unabhängig von Neigungen an Gründen orientiert.* Was das heißt, wurde jedoch in Kapitel 4 bereits erklärt: Unsere Gründe werden in Maximen artikuliert. Ein frei-

34 Es gibt Fälle von Willensschwäche, in denen wir Entscheidungen treffen, die unserem eigenen Urteil über die besten Gründe zu widersprechen scheinen – obwohl es schon seit Platon und Aristoteles unter Philosophen strittig ist, ob es Fälle geben kann, auf die diese Beschreibung *tatsächlich* zutrifft. Für uns ist hier nur wichtig, dass wir uns in Fällen dieser Art gerade nicht besonders frei, sondern eher unfrei und fremdbestimmt fühlen.

er Wille prüft also, ob seine Maxime gute Gründe artikuliert, und er tut dies unabhängig von seinen Neigungen. Ein solcher Wille aber orientiert sich, wie wir oben gesehen haben, am kategorischen Imperativ.

Damit haben wir auch die zweite Richtung des Wechselverhältnisses von Freiheit und Moral begründet. Aber haben wir damit nicht zu viel bewiesen? Würde das nicht bedeuten, dass ein Wille nur dann frei ist, wenn er nach dem kategorischen Imperativ entscheidet? Wäre also jeder, der nicht moralisch denkt und handelt, automatisch jemand ohne einen freien Willen – und damit womöglich sogar der Kritik enthoben? Dieses Bedenken ist naheliegend, aber nicht zwingend. Ein Wille erweist sich der obigen Argumentation zufolge als frei dadurch, dass er die Vernünftigkeit seiner Maxime unabhängig von seinen Neigungen zum ausschlaggebenden Motiv machen *kann*. Ob er sich dann aber auch tatsächlich entsprechend dafür entscheidet, steht auf einem anderen Blatt. Bereits die bloße Möglichkeit, sich unabhängig von ihnen zu entscheiden, macht im hier relevanten Sinne frei gegenüber äußeren Ursachen und inneren Neigungen.[35]

Die Herausforderung, vor die Kant sich gestellt sieht, ist also diese: Einzig ein freier Wille untersteht dem Moralgesetz. Oh-

35 Eine terminologische Schwierigkeit ergibt sich freilich daraus, dass Kant den Willen, wie gesagt, als praktische Vernunft *definiert*. In seinen späteren Schriften löst er dieses Problem dadurch, dass er zwischen »Wille« und »Willkür« unterscheidet. In dieser differenzierten Terminologie ist es in der Tat Kennzeichen des Willens, immerzu den kategorischen Imperativ zum Maßstab zu machen. Die letzte Entscheidungsgewalt aber liegt bei der Willkür, die sich den Ansprüchen des Willens beugen kann, aber nicht muss. Eine hilfreiche Diskussion des Problems und der Unterscheidung zwischen Wille und Willkür findet sich in Allison (1990) S. 129–136.

ne Freiheit ist Moral nur eine »chimärische Idee ohne Wahrheit«.

Darin liegt ein wirklich ernstes Problem – ganz speziell für Kant. Er ist sich nämlich sicher, in seiner bahnbrechenden *Kritik der reinen Vernunft* (1. Auflage 1781) bewiesen zu haben, dass die empirische Welt vollständig kausal determiniert ist.[36] Alles, was in Raum und Zeit passiert, wird durch vorhergehende Ursachen unausweichlich gemacht; diese Ursachen ihrerseits haben weiter zurückliegende Ursachen, usw. Freiheit, so Kant, bedeutet aber, von dieser Kette *ausgenommen* zu sein. Schon in der *Kritik der reinen Vernunft* definiert er Freiheit deshalb als das »Vermögen, einen Zustand, mithin auch eine Reihe von Folgen desselben schlechthin anzufangen« (A 445 / B 473). Und in der *Grundlegung* betont er, dass dieses freie Anfangen »unabhängig von fremden [...] bestimmenden Ursachen« (IV: 446) sei. Das bedeutet aber, dass in der empirischen Welt kein Platz für Freiheit ist.

Allerdings werden Leser der *Kritik der reinen Vernunft* bemerkt haben, dass etwas Wichtiges noch ungesagt geblieben ist. Kant vertritt in diesem Werk ja eine Doktrin, die er *transzendentalen Idealismus* nennt. Wir müssen uns hier auf eine grobe Skizze beschränken, aber die generelle Idee ist diese: Alles, was wir von empirischen Gegenständen (und das schließt uns Personen mit ein) wissen, betrifft diese Gegenstände nur insofern, als sie Gegenstände unserer Erfahrung sind. Alle empirischen Eigenschaften, die wir an Gegenstän-

36 Der Beweis ist in seiner Vollständigkeit sehr komplex. Er umfasst sowohl die schwierige Passage, die Kant *Transzendentale Deduktion der reinen Verstandesbegriffe* betitelt, als auch Teile des sogenannten Schematismuskapitels, speziell die Beweisführung zur *Zweiten Analogie der Erfahrung*. Hilfreich ist hier Holm Tetens' systematischer Kommentar zur *Kritik der reinen Vernunft*.

den wahrnehmen, stammen nicht wirklich von diesen Gegenständen, sondern sie sind Zutaten, die auf unsere eigene Spontaneität zurückgehen.

Das gilt zum Beispiel für Raum und Zeit. Es ist, so Kant, ein Irrtum, zu glauben, die Dinge in der Welt seien selbst, unabhängig von unserer Erfahrung, in ein räumliches Nebeneinander und ein zeitliches Nacheinander geordnet. Raum und Zeit sind Ordnungsstrukturen, die unsere Erfahrung den Gegenständen verleiht. Ähnliches gilt für die kausale Struktur der Wirklichkeit. Wir wissen Kant zufolge gerade deshalb *a priori* (d. h. unabhängig von jeder Erfahrung), dass alles, was geschieht, eine hinreichende Ursache hat, weil diese kausale Strukturierung ein notwendiges Produkt unserer Erfahrung ist.

Wenn unsere Erfahrung spontan Ordnung herstellt, dann heißt das, dass die Gegenstände unserer Erfahrung *unabhängig* von dieser vielleicht *anders* beschaffen sind. Kant behauptet: Wir kennen die Gegenstände nur so, wie sie uns erscheinen. (Oft sagt er auch: Wir kennen die Gegenstände nur als Erscheinungen.) Wir kennen die Dinge hingegen nicht, wie sie *an sich selbst betrachtet* sein mögen.[37] Jede Möglichkeit, sie kennenzulernen, muss sich der Erfahrung bedienen, und diese Erfahrung wird ihnen immer schon genau jene strukturellen Merkmale verleihen, von denen wir doch absehen wollten.

Damit, so betont Kant schon in der *Kritik der reinen Vernunft*, ist zumindest die Möglichkeit der Freiheit offengehal-

37 Leser mit Vorkenntnissen über Kants *Kritik der reinen Vernunft* bemerken vielleicht, dass diese Darstellung in ihrer Wortwahl auf eine ganz bestimmte Interpretation des Transzendentalen Idealismus verweist, nämlich auf die sogenannte *Zwei-Aspekte-Interpretation*, die z. B. von Prauss (1974) und Allison (1983) verfochten wird.

ten. Alles, was wir über uns selbst wissen, wissen wir zunächst einmal nur auf dem Wege der Erfahrung. Wir beobachten uns und andere, und wir erleben unser eigenes Seelenleben introspektiv (Kant sagt: durch den »inneren Sinn«). Alles das aber ist für ihn eine Form von Sinneserfahrung. Und auch diese Erfahrung, die wir von uns selbst haben, verleiht uns die Form, die die Erfahrung eben allem aufprägt. Auch uns selbst kennen wir also nur als Erscheinungen, und als solche unterliegen auch wir den Bedingungen von Raum und Zeit, von kausaler Determination usw. Aber es gibt ein »Aber«: Wie bei allen anderen Dingen ergibt sich auch hier, dass diese Eigenschaften eben *nur* Aspekte unserer empirischen Erscheinung sind. Wir können aus dieser Erfahrung eben nicht schließen, dass wir, wie wir an uns selbst sind, kausal determiniert sind.

In der Tat versucht Kant in der *Kritik der reinen Vernunft* zu demonstrieren, dass die Frage, ob wir *an uns selbst betrachtet* frei sind, für alle theoretischen Nachforschungen unentscheidbar bleiben muss. Aller empirischer Input, auch alle noch so akribische Selbstbeobachtung, führt uns eben immer nur auf Erkenntnisse über uns, wie wir uns erscheinen, nicht, wie wir an uns selbst sind. Es ergibt sich daher, wie Kant sagt, eine »doppelte Seite«, von der wir das Handeln eines menschlichen Wesens beschreiben können:

> [Man kann] die Causalität dieses Wesens auf zwei Seiten betrachten, als intelligibel nach ihrer Handlung als eines Dinges an sich selbst, und als sensibel nach den Wirkungen derselben als einer Erscheinung in der Sinnenwelt. (A 538 / B 566)

Nun können wir nachvollziehen, wie Kant die Gültigkeit der Moral nachweisen will. Er möchte die Idee verteidigen, dass wir frei sind. Aus der »Reziprozitätsthese« würde dann die

Gültigkeit der Moral folgen. Kant nennt so einen Nachweis der Gültigkeit eine *Deduktion*. Er will demnach eine »Deduction des obersten Princips der Moralität« (IV: 463) geben, die bei der Freiheit ansetzt.

Es ist umstritten, wie Kants Argument in Abschnitt 3 der *Grundlegung* genau zu verstehen ist, aber die Grundzüge sind immerhin klar. Kant hält daran fest, dass wir Freiheit auf theoretischem Wege nicht erkennen oder beweisen können. Er beobachtet jedoch, dass wir uns als denkende und vernünftige Wesen *als frei betrachten müssen*. Wir können, so Kant, gar nicht anders, als »unter der Idee der Freiheit« (IV: 448) zu denken, zu handeln und Entscheidungen zu treffen.

Das ist eine wichtige und korrekte Beobachtung: Betrachten wir als Handelnde unsere Situation, können wir uns selbst gar nicht als determiniert betrachten. Angenommen, Sie stehen vor einer Entscheidung. Können Sie sich nun als Spielball äußerer Ursachen begreifen und einfach *zusehen*, was Sie wohl tun werden? Das würde nur dazu führen, dass Sie abwarten und nichts tun. Und das würde Ihnen wiederum nur als eine Entscheidung vorkommen, die Sie getroffen haben, und als eine Handlung, die Ihnen zuzuschreiben ist. So sehr Sie sich auch bemühen: Aus der Perspektive des Handelnden, der frei entscheidet, gibt es kein Entrinnen. Kant glaubt, dass dasselbe auch für theoretisches Überlegen gilt. Falls Sie eine Mathematikaufgabe zu lösen haben, können Sie ebenfalls nicht abwarten, was Sie ausrechnen werden. Sie müssen es einfach tun.

Freiheit können wir nicht beweisen – aber die *Idee* der Freiheit ist unausweichlich. In der *Grundlegung* glaubt Kant, dass diese Beobachtung letztlich ausreicht, um eine Deduktion der Moral zu leisten. Da wir gar nicht anders können, als uns als frei zu betrachten, müssen wir notgedrungen auch die Verpflichtungen akzeptieren, die für freie Wesen gelten. Kant drückt dies so aus:

> Ich sage nun: Ein jedes Wesen, das nicht anders als *unter der Idee der Freyheit* handeln kann, ist eben darum, in practischer Rücksicht, wirklich frei, d. i. es gelten für dasselbe alle Gesetze, die mit der Freyheit unzertrennlich verbunden sind [...]. (IV: 448)

Man kann durchaus nachvollziehen, wie Kant hier argumentieren möchte: Wenn Freiheit und Moral wechselseitig erforderlich sind und wenn wir uns frei vorkommen müssen, dann müssen wir uns auch als der Moral unterworfen ansehen.

Die *Kritik der reinen Vernunft* kommt Kant in diesem Argument insofern zugute, als sie zeigt, dass es eine *theoretische Möglichkeit* gibt, die Idee der Freiheit zu verteidigen. Der *Kritik* zufolge können wir uns auf zwei Weisen verstehen: als empirische, determinierte Wesen oder als Wesen, wie wir an uns selbst sind. Er schlägt nun vor, dass wir diese doppelte Perspektive ausnutzen, um uns verständlich zu machen, wieso wir als Handelnde unter der »Idee der Freiheit« handeln können, obwohl wir doch wissen, dass wir *qua* empirische Wesen nicht frei sind. Die Perspektive des Handelnden wäre dann also eine, in der wir uns gerade nicht als empirische Wesen betrachten. Ob die »Idee der Freiheit« der Weise entspricht, wie wir an uns selbst betrachtet sind, können wir zwar nicht wissen. Doch der direkt Konflikt mit unserem empirischen Wissen ist vermieden.

Diese Lösung bleibt jedoch unbefriedigend. Auch wenn wir uns als frei ansehen müssen, folgt daraus nicht das, was wir suchen. Es würde allenfalls folgen, dass wir *glauben* müssen, dass die Moral Geltung für uns hat. Es würde jedoch noch immer nichts ausschließen, dass wir damit einem Irrtum unterliegen. Gewiss, die *Kritik der reinen Vernunft* zeigt, dass es *möglich* ist, dass wir frei sind, und dass es folglich auch *möglich* ist, dass

Moral, in den Worten der *Grundlegung*, kein »Hirngespinst« ist. Aber das ist gewiss etwas anderes als eine »Deduction« im Sinne Kants, also ein positiver Nachweis der Gültigkeit der Moral.

In seinen späteren Schriften wählt Kant daher einen etwas anderen Zugang zum Problem der Gültigkeit der Moral. Über das Projekt einer »Deduction« der Moral, das er noch in der *Grundlegung* verfolgt, schreibt er in der *Kritik der praktischen Vernunft*:

> Statt der Deduction des obersten Princips [...] konnte aber nichts weiter angeführt werden, als daß, wenn man die Möglichkeit der Freiheit einer wirkenden Ursache einsähe, man auch [...] die Nothwendigkeit des moralischen Gesetzes [...] einsehen würde [...]. Allein die Freiheit einer wirkenden Ursache, vornehmlich in der Sinnenwelt, kann ihrer Möglichkeit nach keineswegs eingesehen werden; glücklich! wenn wir nur, daß kein Beweis ihrer Unmöglichkeit stattfindet, hinreichend versichert werden können [...].
> (V: 93 f. / UB 139)

Die Form der Einsicht in unsere Freiheit (oder ihre Möglichkeit), die es für die Deduktion des Sittengesetzes brauchen würde, steht uns also nicht zur Verfügung.

Müssen wir also ewig in Ungewissheit darüber bleiben, ob Moral nicht vielleicht ein »Hirngespinst« ist? Müssen wir uns damit trösten, dass – vorausgesetzt, dass Kant mit der »Idee der Freiheit« recht hat, – zumindest niemand ernsthaft und dauerhaft an der Moral zweifeln *kann*? Nein. In der *Kritik der praktischen Vernunft* vertritt Kant die Meinung, dass seine Resultate eine andere Möglichkeit eröffnen. Wir können nämlich die Beweisrichtung *umkehren*. Wir erfahren uns ja, so Kant, faktisch als der Moral unterworfen. Wieso sollten wir also nicht von dieser Erfahrung ausgehen, sie mit der »Reziprozitätsthese« verbinden und so darauf schließen, dass wir frei sein müssen? Statt also die Moral für gültig zu halten, weil wir frei sind, sollten wir uns, so Kant, für frei halten, weil die Moral gültig ist. Das Bewusstsein des moralischen Gesetzes soll so die Freiheit beweisen.

Kant selbst betont die radikale Natur dieser Kehrtwendung:

> Etwas anderes aber und ganz Widersinnisches tritt an die Stelle dieser vergeblich gesuchten Deduction des moralischen Princips, nämlich, daß es umgekehrt selbst zum Princip der Deduction eines unerforschlichen Vermögens dient, [...] nämlich das der Freiheit [...]. (V: 47 / UB 74)

Wie ist Kants Wende zu verstehen? Freiheit, das gesteht Kant zu, ist als metaphysische Bedingung erforderlich, damit wir moralische Wesen sein können. In der objektiven Ordnung der Dinge erklärt also die Freiheit die Moral, nicht umgekehrt. Kant behauptet, dass Freiheit die *ratio essendi* (V: 4 / UB 10, Fußnote) für unsere moralische Pflicht ist. Die Reihenfolge der *Erkenntnis* ist hingegen eine andere. Die Gewissheit unserer moralischen Verbindlichkeiten kann uns zu dem Schluss berechtigen, dass die Bedingungen tatsächlich gegeben sind, die für Moral nötig sind. Moral, so Kant, ist die *ratio cognoscendi* der Freiheit (ibid.).

Was Moral für Kant zum geeigneten Ausgangspunkt macht, ist die besondere Gewissheit, die wir in Bezug auf die Moral haben. Er ist der Meinung, dass es ein unbezweifelbares »Faktum der Vernunft« ist, dass wir moralischen Pflichten unterliegen. Wer je davon überzeugt war, etwas wirklich Falsches getan zu haben, der ahnt, was Kant meint. So gerne wir uns in den Gedanken flüchten würden, dass wir nichts dafür können – wir sind uns letztlich nur zu gewiss, dass es nicht stimmt.

Kant schlägt vor, von solchen Gewissheiten auf unsere Freiheit zu schließen. Weil wir es als gewiss erfahren, dass wir bestimmte Dinge tun sollten, können wir gar nicht bestreiten, dass es uns frei steht, sie zu tun. Ihm ist natürlich klar, dass diese Wendung vielen unplausibel sein wird – er selbst nennt sie ja, wie eben zitiert, »widersinnig«. Ihm zufolge beruht dieser Eindruck aber letztlich nur darauf, dass wir noch der unhaltbaren Vorstellung anhängen, dass die Frage der Freiheit auf die ein oder andere Weise durch theoretische Erkenntnisse beantwortet werden müsse. Genau das, so glaubt Kant, hat seine *Kritik der reinen Vernunft* aber als unmöglich erwiesen. Die Frage, ob wir frei sind, kann demnach gar nicht mehr sinnvoll der Domäne der theoretischen Forschung zugerechnet werden. Und wo die Möglichkeit theoretischen Wissens fehlt, gibt es nichts, was uns an unserer praktischen Gewissheit berechtigt zweifeln lassen kann.[38]

38 Dieses Kapitel behandelt die Themen der Freiheit und der Deduktion des Sittengesetzes bei Kant offensichtlich nur extrem skizzenhaft. Es gibt eine Reihe empfehlenswerter Schriften zu den Themen dieses Kapitels. Eine immer noch maßgebliche Darstellung der Prämissen und der Schwierigkeiten der versuchten Deduktion in der *Grundlegung* findet sich in Buch IV in Paton (1947). Eine Verteidigung der Position Kants findet sich in Allison (1990). Sehr lesenswert, speziell zu Kants Bezugnahme auf das »Factum der Vernunft«, ist auch Willaschek (1992).

14 Schwierigkeiten, Teil 1: Falsche Verbote?

Nach diesem Eindruck von Kants Theorie und ihrer Begründung muss es nun darum gehen, sich einigen der kritischen Einwände zu widmen, denen diese Theorie begegnet.

Zu den schärfsten und einflussreichsten Kritikern der Ethik Kants (sowie der Philosophie Kants insgesamt) gehört sicher Georg Wilhelm Friedrich Hegel. Hegel ist überzeugt, dass Kants Ethik zwar eine wichtige Etappe in der Geschichte des Denkens ist, dass sie aber dennoch schon von ihrem Ansatz her gesehen das Wesentliche der Ethik verfehlt. Hegel zufolge ist die kleinste Einheit, von der eine adäquate Ethik ausgehen muss, nichts geringeres als eine ganze Sozialgemeinschaft, deren Mitglieder bestimmte Normen und Gebräuche teilen. Erst im umfassenden Rahmen einer solchen Gemeinschaft kann nämlich etwas herrschen, das er »Sittlichkeit« nennt – ein konkretes, inhaltlich spezifisches System aus eben solchen geteilten Werten, Einstellungen und Rechten. Nur innerhalb eines solchen Ganzen ist auch bestimmbar, was es für ein Individuum heißt, richtig zu handeln. Wenn man hingegen, so Hegel, wie Kant mit einzelnen Individuen und ihren Entscheidungen anfängt, dann nimmt man der Ethik alles, was ihr einen bestimmten Inhalt geben könnte. Was übrig bleibt, ist etwas, das Hegel »Moralität« nennt und das er für einen inhaltsleeren Formalismus hält.

Um diesen großformatigen Einwand prüfen zu können, müssen wir wissen, wie sich die angebliche »Leere« der Ethik Kants äußert.[39] In der Tat spezifiziert Hegel seine Einwände auch genauer. So beobachtet er schon früh[40], dass Kants Verfah-

39 Für ausführlichere Diskussionen siehe z. B. Andreas Wildt (1982).
40 G. W. F. Hegel, »Über die wissenschaftlichen Behandlungsarten des Naturrechts, seine Stelle in der praktischen Philosophie und

ren, Maximen auf Gesetzesfähigkeit hin zu überprüfen, auf den ersten Blick extrem viel Spielraum lässt. Mit etwas Geschick, so Hegel, lässt sich jede Maxime so formulieren, dass sich die zugehörige Handlung wahlweise als unmoralisch oder als moralisch erweist. Kants »reine Pflicht«, so resümiert Hegel, »verträgt jeden Inhalt.«[41] In diesem und dem folgenden Kapitel soll dieser Einwand geprüft werden. (Wir werden zu zeigen versuchen, dass dieser Einwand Hegels Kants Ethik nicht trifft).

Wir können den skizzierten Einwand in zwei Teile aufteilen. Ein erster Einwand lautet dann, dass Kants Verfahren, wenn wir es auf Maximen anwenden, unplausible Verbote generieren kann.

Mancher Leser mag sich zwischenzeitlich daran versucht haben, das Sittengesetz auf verschiedene Fälle anzuwenden. Die Chancen stehen gut, dass sie oder er dabei schnell auf dieses Problem gestoßen ist. »Angenommen«, so mag dieser Leser sagen, »ich beschließe, Bäcker zu werden, weil mir der Beruf gefällt. Kann ich wollen, dass alle Vernunftwesen diese Entscheidung aus demselben Grund treffen? Nein. Wer würde das Korn produzieren, wer das Brot kaufen? Die Idee, wir alle würden nach meiner Maxime handeln, führt auf einen Widerspruch im Denken. Und das würde heißen: Es wäre unmoralisch, Bäcker zu werden, weil einem der Beruf gefällt!«

Diese Konsequenz erscheint absurd. Aber impliziert Kants Ethik nicht genau das – und ist sie dadurch nicht diskreditiert? Beispiele dieser Art lassen sich dabei allzu leicht vermehren. Angenommen, ich fahre gerne montags früh ins Schwimm-

sein Verhältnis zu den positiven Rechtswissenschaften«, in: *Werke*, Bd. 2, Frankfurt a. M. 1970.

41 G. W. F. Hegel, *Phänomenologie des Geistes,* in: Werke, Bd. 3, Frankfurt a. M. 1970, S. 453.

bad, weil dann wenig Betrieb ist; angenommen, ich parke gerne in einem bestimmten Parkhaus; und so weiter und so fort. Für diese und viele weitere Fälle scheinen die beteiligten Maximen auf Widersprüche zu führen, wenn man sie sich als Gesetze denkt. Kants Ethik scheint damit völlig absurde Verbote zu generieren.[42]

Ein typischer Vorschlag zu Lösung dieses Problems beruft sich darauf, dass nicht jede erstbeste Formulierung eines Vorhabens auch gleich die *Maxime* des Handelnden erfasst. Vielleicht lautet die Maxime im obigen Fall ja nicht: »Ich werde Bäcker, weil mir der Beruf gefällt« sondern allgemeiner: »Ich wähle den Beruf, der mir gefällt?« In der zweiten Formulierung ist es jedenfalls nicht mehr ganz so klar, dass bei Verallgemeinerung auch ein Widerspruch droht. Stützen lässt sich dieser Vorschlag durch einige Passagen in Kants Schriften – etwa durch eine Passage in §1 der *Kritik der praktischen Vernunft* (vgl. V: 19), wo Kant zwischen praktischen Regeln und Maximen im eigentlichen Sinne unterscheidet.

Diese Strategie ist unter heutigen Autoren populär.[43] Aber sie scheint mir doch nicht ganz befriedigend zu sein. Wenn Kants Ethik einen sehr spezifischen Begriff der Maxime benötigte, würde das moralische Testverfahren, das diese Ethik formuliert, eine sehr komplexe Sache. Kant behauptet ja, das Sittengesetz sei ein »Compass[]« (IV: 404), dessen Verwendung »keine weit ausholende Scharfsinnigkeit« (IV: 403) benötige.

42 In der aktuellen englischsprachigen Kant-Literatur ist dies als das Problem der *false negatives* bekannt. Eine eingehende Diskussion des Problems der *false negatives* (sowie des komplementären Problems der *false positives*, das im nächsten Kapitel besprochen wird) findet sich in Wood (1999) S. 102 ff.

43 Varianten dieses Vorschlags finden sich etwa bei O. O'Neill (1975), J. Timmermann (2000) und H. Allison (2011).

Da sollte es eigentlich keiner subtilen philosophischen Unterscheidungen zwischen Regeln und zugrunde liegenden Maximen bedürfen. Darüber hinaus verwendet Kant selbst gerade an den Stellen, an denen er spezifische moralische Pflichten begründen möchte, meist keine große Sorgfalt auf die Formulierung der geprüften Maximen. Oftmals erwähnt er die fraglichen Maximen sogar nur beiläufig und in Halbsätzen.

Die korrekte Lösung sieht daher vermutlich anders aus. Zunächst einmal müssen wir das Problem genauer prüfen. Es erweist sich nämlich bei genauer Betrachtung als vorschnell, wenn man es als absurd erklärt, dass die Maxime: »Ich werde Bäcker, weil mir der Beruf gefällt« unmoralisch ist.

Hier ist ein Gedankenexperiment: Stellen wir uns vor, dass wir alle den Herzenswunsch haben, Bäcker zu werden. Aber wie in der wirklichen Welt kann nicht jeder von uns diesen Beruf ergreifen. Angenommen weiter, dass wir keine institutionellen Mechanismen vorfinden, um unsere Berufswünsche und Karrieren zu koordinieren – also z. B. keine Ausbildungs- und Arbeitsmärkte, die Bewerbern offenstehen und auf denen sie miteinander in Konkurrenz treten können. Es gibt in unserem Falle lediglich eine begrenzte Anzahl von Bäcker-Lizenzen, die vor uns auf einem Tisch liegen. Diejenigen, die eine Lizenz erhalten, dürfen Bäcker werden. Die Anderen gehen leer aus. Nun lautet die Frage: Ist es wirklich klarer Weise unproblematisch, wenn man sich einfach so eine der Lizenzen nimmt, nur weil man Lust dazu hat? Würde das nicht in der Tat bedeuten, dass man sich und seinen eigenen Plänen Vorrang vor den anderen und ihren gleichen Plänen gibt? Müssten wir nicht eine andere Lösung finden – eine Möglichkeit, die Lizenzen fair zuzuweisen?

Ich denke, dass wohl die meisten von uns in der beschriebenen Situation zumindest ein ungutes Gefühl dabei hätten, schnell zu dem Tisch zu stürzen und sich eine Lizenz zu sichern. Man mag aber fragen: Wäre es denn besser, sich *keine* Lizenz zu nehmen? Dann nimmt sich ein anderer eine Lizenz und man selbst hätte das Nachsehen. Da der Konkurrent auch keinen größeren Anspruch hat als man selbst, wäre das keine bessere Alternative. Was soll man also tun?

Kant diskutiert Situationen dieses Typs. Er behandelt sie allerdings nicht in der *Grundlegung*, sondern in seiner Rechtsphilosophie in der *Metaphysik der Sitten*. Dort beschreibt er eine analoge Situation im Hinblick auf das Privateigentum (vgl. VI: 258 ff.). Angenommen, wir haben zunächst kein System von Eigentumsregeln – und keine Gesetze und keine Polizei, die diese Regeln kodifizieren und durchsetzen. Wir sehen uns einer Welt von Gegenständen gegenüber, die jeder von uns gleichermaßen benutzen könnte. In so einem Zustand, so Kant, kann man keinen Gegenstand benutzen, ohne dass dies ein Akt »einseitige[r] Willkür« (VI: 259) wäre, der die gleichen Freiheiten anderer beschneidet. Durch die Benutzung nimmt man diesen anderen ja eben die Handlungsmöglichkeit, die man selbst nutzt. Andererseits ist es aber auch keine Lösung, zu erklären, dass dann eben niemand von uns jemals einen Gegenstand benutzen darf. Die Benutzung solcher Gegenstände könnte ja unser aller Freiheiten erweitern. Würden wir darauf verzichten, würden wir uns mit einer Situation zufriedengeben, in der wir alle weniger frei sind, als wir es sein könnten. Auch darin läge eine Vernachlässigung unseres Anspruchs auf Freiheit.

Wir finden uns also in einer Situation wieder, in der wir es scheinbar nicht richtig machen können. Aber das, so Kant, wäre kurzsichtig. Wir benötigen gemeinschaftlich geteilte Regeln für den Erwerb und die Übertragung von Eigentum. Diese Regeln müssen so beschaffen sein, dass sie mit der gleichen Freiheit von jedermann verträglich sind. Und sie müssen, so Kant, in dem Sinne legitim sein, dass sie den »vereinigten Willen[]

Aller« (VI: 264) ausdrücken. In so einem System wird das, was sonst ein *einseitiger* Akt der Aneignung gewesen wäre, legitimiert durch Regeln, die *allseitige* Zustimmung genießen. Kant ist der Ansicht, dass so ein institutioneller Rahmen nur *der Staat* sein kann, ein Gemeinwesen mit Gesetzen, einer Exekutive mit Zwangsgewalt, usw.

Wir können Kants politische Philosophie in dieser Einführung leider nicht eingehend diskutieren.[44] Und wir können an dieser Stelle ebenfalls nicht entscheiden, ob Kant Recht hat, wenn er behauptet, dass es tatsächlich eine moralische Pflicht für Menschen gibt, in einem *staatlichen* Zustand zusammenzuleben. Aber es gibt eine wichtige Lehre, die wir aus diesen Überlegungen ziehen können: Mitunter ist es moralisch geboten, dass wir uns gemeinsame Regeln geben, die unser Handeln koordinieren, weil sonst die Betätigung unserer Freiheit unmoralisch würde.

Genau darin liegt nun auch die Lösung für das obige Problem. Wie gesagt, ist in unserem Gedankenexperiment der Beruf des Bäckers ein knappes Gut. Und ohne verbindliche Regeln, die unsere gleichen Ansprüche irgendwie berücksichtigen, ist es in der Tat moralisch problematisch, sich dieses Gut in einseitiger Weise einfach zu »schnappen«. Das bedeutet nicht, dass man anderen das Feld überlassen sollte. Sondern es bedeutet, dass wir zunächst einmal die moralische Pflicht haben, *an den gemeinsamen Regeln, die unsere Situation charakterisieren, etwas zu ändern.*

So wie die Dinge in unserem Gedankenexperiment liegen, lassen wir uns selbst keine andere Möglichkeit, als das knappe

44 Es gibt, wie in der Einleitung S. 10 bereits angemerkt wurde, eine Reihe überaus lesenswerter Arbeiten zu Kants politischer Philosophie und Rechtsphilosophie, z. B. Ripstein (2009) und Weinrib (1995).

Gut nach dem »Recht des Stärkeren« zu verteilen. Diese Situation ist aber selbst unmoralisch. Wie Kant über die analoge Situation vor der Einführung von Eigentumsregeln schreibt, sind einseitige Willkürakte in dieser vorstaatlichen Situation in der Tat »nicht unrecht« – aber wir »tun [...] im höchsten Grade daran unrecht, in einem Zustand sein und bleiben zu wollen, der kein rechtlicher ist« (VI: 307 f.), in dem es also keine verbindlichen gemeinsamen Regeln gibt. Was wir in unserem Beispiel also tun müssen, ist weder die Lizenzen zu schnappen, noch sie uns wegschnappen zu lassen. Wir müssen uns vielmehr gemeinsame Regeln geben, die die Verteilung des knappen Guts in besserer Weise ermöglichen. Wir müssen also zuerst einmal aus einem Zustand heraus, in dem nur das »Recht des Stärkeren« zählen kann.

Man muss gar nicht lange überlegen, wie so etwas aussehen könnte. Denn wir *haben*, wie oben angedeutet, ja solche Regeln. Wer in unserer Gesellschaft Bäcker werden möchte, tut dies auf dem Wege der Bewerbung auf einem Ausbildungs- und Arbeitsmarkt. Es liegt mir fern, die faktischen Leistungen solcher Märkte in einem allzu rosigen Licht zu zeichnen. Zumindest auf dem Papier haben diese Märkte jedoch genau jene Eigenschaften, die Kants Ethik verlangt. Wer sich auf einem solchen Markt bewirbt, zwingt nicht Anderen einseitig seine Pläne auf. Im obigen Beispiel gab es nur eine Handlungsoption, die nicht allen offen steht: eine Lizenz zu ergreifen. Institutionen wie Märkte ersetzen solche Option durch Handlungsmöglichkeiten, die im Prinzip alle ergreifen können. Auf einem solchen Markt *bewerben* kann sich jeder. Natürlich können nicht alle *erfolgreich ans Ziel gelangen*. Ans Ziel zu gelangen ist jedoch in diesen Institutionen sowieso keine direkte Handlungsoption mehr. Es ist nichts, was man allein und einseitig entscheiden kann.

Kurz: Institutionen oder Regelsysteme dieses Typs verändern die Ausgangssituation so, dass eine Gleichheit der Handlungs- und Entscheidungsmöglichkeiten wieder hergestellt wird. In einem solchen institutionellen Rahmen gilt: Alle Schritte, die man ergreifen kann, falls man Bäcker werden möchte, sind Schritte, die jeder andere auch ergreifen kann. Die Maximen, nach denen wir im Zuge dieses Prozesses handeln, können also in der Tat als Gesetze gewollt werden.

In so einer Gesellschaft ist die Maxime »Ich *werde* Bäcker, weil mir der Beruf gefällt«, in der Tat keine sinnvolle Maxime. Denn Bäcker zu *werden* ist nicht etwas, das jemand allein in der Hand hätte. Wir können unsere Lösung also so formulieren: In einer Gesellschaft, in der diese Maxime tatsächlich eine mögliche Willensentscheidung formuliert, ist es in der Tat unmoralisch, ihr entsprechend zu handeln. In so einer Gesellschaft ist es vielmehr erforderlich, dass wir uns gemeinsame Regeln geben. Gibt es solche Regeln, dann verlangen unsere Berufswünsche *andere* Maximen, z. B.: »Ich bewerbe mich um einen Ausbildungsplatz als Bäcker, weil mir der Beruf gefällt«. *Diese* sind zulässig.

Wir können an dieser Stelle eine weitere wichtige Beobachtung festhalten: Kants Verfahren *selbst* kann uns dabei anleiten, unsere Maximen richtig zu formulieren. Wir benötigen (anders, als viele heutige Autoren annehmen, s. o.) keine spezielle Theorie darüber, was eine Maxime enthält, die wir unabhängig vom kategorischen Imperativ formulieren und begründen müssten. Wenn ich meine Maxime zunächst als: »Ich werde Bäcker, weil mir der Beruf gefällt« formuliere, dann stoße ich auf das Ergebnis, dass das Vorhaben, das *diese* Maxime formuliert, tatsächlich unmoralisch wäre. Wenn ich mir dann aber vor Augen führe, was dieses Vorhaben eigentlich beinhaltet (etwa in der Form unseres Gedankenexperiments), dann bemerke ich, dass ich mein Vorhaben auch gar nicht korrekt formuliert habe. Ich bemerke nämlich, dass sich meine eigentlichen Pläne auf die gängigen Mechanismen zur fairen Koordination unseres Handelns beschränken. Und diese Erkenntnis führt mich dann zu einer besseren Formulierung meines Vorhabens, etwa: »Ich bewerbe mich um einen Ausbildungsplatz als Bäcker« o. Ä.

Das gleiche Resultat ergibt sich auch in all den anderen Fällen. Genau so wenig wie ich mir einfach eine Bäcker-Lizenz schnappen würde *komme was wolle*, so wenig plane ich, mir den Lieblingsparkplatz oder das Restaurant zu »schnappen«, *komme was wolle*, usw. Und genau darin liegt der Unterschied zur Maxime des Schwarzfahrens (vgl. Kap. 1, hier S. 12).

15 Schwierigkeiten, Teil 2 – Falsche Erlaubnisse?

Es gibt ein komplementäres Problem in der Anwendung der Gesetzesformel des kategorischen Imperativs. Nicht nur scheint sie zunächst unplausible Verbote zu generieren, sondern ebenso scheint sie unplausible Erlaubnisse zur Folge zu haben. Es ist dieses zweite Problem, das Hegel vor Augen hat, wenn er im Naturrechtsaufsatz schreibt: »[E]s gibt gar nichts, was nicht auf diese Weise zu einem sittlichen Gesetz gemacht werden könnte.«[45] Man nehme die Maxime: »Ich gebe meinem Bekannten Otto ein falsches Versprechen.« Ich kann vielleicht nicht ohne Widerspruch wollen, dass wir alle einander jederzeit falsche Versprechen geben. Aber kann ich nicht wollen, dass es ein Gesetz ist, dass wir *Otto* falsche Versprechen geben? Wäre dies nicht also erlaubt?

Indem ich eine Maxime sehr spezifisch (z. B. mit Nennung der Namen einzelner Personen) formuliere, schränke ich ein, was passiert, wenn sie als allgemeines Gesetz befolgt wird. Und ich sorge womöglich dafür, dass kein Widerspruch entsteht. Ein Widerspruch im Denken könnte ja u. U. deswegen vermieden werden, weil durch die genau spezifizierten Umstände eine generell funktionierende Praxis (z. B. des Versprechens) bestehen bleibt. Und ein Widerspruch im Wollen wäre deswegen vielleicht vermeidbar, weil durch die genaue Spezifikation von Personen, Orten oder Zeiten vermieden werden könnte, dass *mein* Wille seine natürlichen Ziele gefährdet wähnen muss.

In Fällen des falschen Versprechens (und auch des Lügens,

45 Hegel, »Über die wissenschaftlichen Behandlungsarten des Naturrechts«, in: Werke, Bd. 2, Frankfurt a. M. 1970, S. 461.

s. Kap. 17) ist dieses Problem noch relativ leicht zu lösen. Wenn es ein allgemeines Gesetz wäre, *Otto* falsche Versprechen zu geben, dann würde eben *Otto* das Vertrauen fehlen, das dafür nötig ist. (Hier müssen wir uns daran erinnern, dass Kants Test ja einschließt, dass es geteiltes Wissen unter allen vernünftigen Wesen ist, dass die fraglichen Maximen als Gesetze gelten.) Gleiches gilt, wenn ich meine Maxime darauf beschränke, dass ich *um 11:16 Uhr* oder *neben einer Bäckerei* ein falsches Versprechen geben will usw. Wieder würden Adressaten eben unter diesen Bedingungen nicht das nötige Vertrauen aufbringen, so dass sich dieselben Widersprüche ergeben, wenn auch in kleinerem Rahmen.

Allerdings funktioniert diese Lösung nur bei Formen der Täuschung. Es ist nicht zu sehen, wie sie z. B. den Widerspruch im Wollen »retten« sollte, der sich bei Maximen des Verzichts auf Wohltätigkeit ergibt. Kann ich denn nicht wollen, dass es ein allgemeines Gesetz ist, dass *Otto* niemals in Not geholfen wird? Oder, um den Extremfall zu nehmen: Kann ich nicht wollen, dass es ein allgemeines Gesetz wird, dass niemand außer meiner eigenen Person jemals Hilfe erfährt?

Wir benötigen also eine generellere Lösung für das Problem. Ein typischer Schachzug aus der Sekundärliteratur zu Kant geht von der Beobachtung aus, dass die relevanten Details (über Otto, über die genaue Uhrzeit, den genauen Ort usw.) nicht wirklich eine entscheidende Rolle für die Akteure zu spielen scheinen.[46] Typischer Weise wäre es also einfach unplausibel, sollte ein Akteur es tatsächlich als einen handlungsentscheidenden Faktor in seine Maxime aufnehmen wollen, dass speziell *Otto* nicht geholfen wird oder dass es gerade *um 11:16 Uhr* geschieht, usw. Aber dennoch löst dies das Problem

46 Auf diesem Schachzug beruht der Lösungsvorschlag von Onora O'Neill (damals noch: Onora Nell), Nell (1975).

nicht. Ist es denn ausgeschlossen, dass jemand irrational auf Otto fixiert ist und tatsächlich *nur deswegen* nicht wohltätig ist, weil es sich genau um *Otto* handelt?

So eigenartig diese Maxime wäre, wir haben noch nichts gefunden, was sie als *unmoralisch* ausweisen könnte. Aber es gibt eine Lösung: Angenommen, ich entscheide mich aus Faulheit dagegen, jemandem in Not zu helfen. Ich versuche, dies als gerechtfertigt auszuweisen, indem ich den Umstand, dass es um 11:16 Uhr so weit wäre, in die Maxime aufnehme. Nun rückt der Zeitpunkt näher – und ich merke, es ist später geworden, schon 11:20 Uhr, oder 11:25 Uhr, oder... Muss ich mein Vorhaben nun erneut prüfen? Nein. Ich weiß *a priori*, dass *jede beliebige* Uhrzeit an dieser Stelle einen Widerspruch verhindern würde. Das gleiche gilt, wenn ich meine Maxime darauf einzuschränken versuche, dass es speziell um *Otto* geht. Angenommen, ich merke plötzlich: Ich habe mich geirrt. Ich meinte *Peter*, nicht Otto. Macht das für die Moralität meines Vorhabens einen Unterschied? Keineswegs. Ich weiß: Wenn ich wollen kann, dass wir alle Otto nicht helfen, dann könnte ich stattdessen ebenso gut wollen, dass wir Peter unsere Hilfe vorenthalten.

Das bedeutet: Ich könnte diese spezifischen Angaben zu Individuen, Orten oder Zeiten usw. austauschen, ohne dass dies für den moralischen Status der Maxime einen Unterschied machen würde. Daraus folgt aber etwas Wichtiges: Wenn die Moral es mir erlauben würde, speziell Otto nicht zu helfen – dann würde sie diese Erlaubnis auch jedem anderen Akteur für jedes beliebige Opfer geben! Wenn *ich* im moralischen Überlegen zu dem Schluss kommen kann, dass ich *Otto* nicht helfen muss, dann weiß ich, dass jeder *andere* Akteur durch ganz analoges moralisches Überlegen zu dem Schluss kommen kann, dass er *Peter* (oder *Paul* oder *mir* oder ...) keinerlei Hilfe schuldet. Wenn nun jeder auf diese Weise über seine Vorhaben entscheiden würde – dann würde genau das resultieren, was aus der Befolgung der ganz unbeschränkten Maxime folgen würde. Ich sehe also ein, dass die Art und Weise, wie ich mein Vorhaben moralisch prüfe, ebenso gut alle möglichen anderen Maximen des Verzichts auf Hilfe legitimiert hätte. Wir wissen bereits, dass ich nicht wollen kann, dass wir alle generell auf Hilfe für Andere verzichten. Daraus folgt, dass ich nicht wollen kann, *dass alle Akteure mein moralisches Prüfverfahren anwenden und danach handeln*. Ich kann also nicht wollen, dass sie Hinweise auf spezifische Personen (Uhrzeiten, Orte usw.) in ihre Maxime aufnehmen und daraufhin beschließen, dass das Unterlassen von Hilfe für sie zulässig ist. Mit anderen Worten: Meine moralische Rechtfertigung kommt mir plötzlich unmoralisch vor!

Ich schlage also Folgendes vor: Die moralische Vernunft muss sich auch dann bewähren, wenn wir sie *auf sich selbst anwenden*. Die Vernunft muss ihre eigenen Verfahrensweisen als moralisch zulässig ansehen können. Ich erkläre das etwas genauer: Kant beschreibt, wie gesagt, ein generelles Verfahren der moralischen Vernunft, nämlich das Verfahren, seine eigenen Maximen auf Gesetzesfähigkeit zu prüfen. Wir stellen nun fest, dass wir uns dieses Verfahren in verschiedenen Weisen ausmalen können: Das Verfahren kann z. B. konkrete Personennamen in eine Maxime aufnehmen oder auch nicht, und ebenso andere Details. Nennen wir jede dieser speziellen Möglichkeiten eine *Verfahrensweise* zu jenem allgemeinen Verfahren. Nun können wir dies festhalten: Wenn ich eine Verfahrensweise anwende, um eine Maxime zu prüfen, dann muss ich wollen können, dass alle Vernunftwesen dieselbe Verfahrensweise anwenden, um ihre Maximen zu prüfen. In so einem Falle können wir sagen, dass meine Vernunft und ihre Verfahrensweisen *reflexiv robust* sind.

Genau das gilt in den obigen Fällen, wie gesagt, nicht. Auch in diesen Fällen mache ich also aus mir eine Ausnahme. Um mich selbst davon zu überzeugen, dass alle Menschen nach *meiner Maxime* handeln können, verwende ich *eine Verfahrensweise*, von der ich genau weiß, dass ich nicht wollen kann, dass alle sie anwenden. Ich schneidere die moralische Verfahrensweise auf meinen eigenen Fall zu und räume mir und meiner Situation einen ungerechtfertigten Sonderstatus ein.

Wir können den Punkt noch etwas anders formulieren. Betrachten wir zwei Maximen, die sich lediglich in einem Verweis auf eine bestimmte Person oder eine Zeit unterscheiden. Und nehmen wir an, es sei – wie oben beschrieben – *a priori* klar, dass eine Differenz in diesen Angaben bei meiner Verfahrensweise keinen Unterschied für den Verallgemeinerungstest macht. Nennen wir die Maximen in diesem Falle *a priori moralisch äquivalent*. Dann können wir sagen, dass Kants Ethik Folgendes verlangt: Ich muss wollen können, dass alle Vernunftwesen nach meiner Maxime oder doch nach Maximen handeln, die zu meiner Maxime *a priori moralisch äquivalent* sind. Wenn ich Letzteres nicht kann, dann folgt, dass ich nicht allen moralischen Akteuren zugestehen kann, meine Verfahrensweise anzuwenden, und es folgt, dass meine Vernunft nicht reflexiv robust ist.

Mir scheint, dass Kant es für selbstverständlich gehalten hätte, dass die moralische Vernunft vor sich selbst standhalten können muss – dass sie also das sein muss, was ich »reflexiv robust« nenne. Dieser Gedanke aber bringt uns die soeben skizzierte Lösung für das Problem der falschen Erlaubnisse. Eine reflexiv robuste moralische Vernunft prüft zugleich mit meiner Maxime, ob sie auch wollen kann, dass andere Akteure nach *a priori moralisch äquivalenten* Maximen handeln. Wenn sie dies tut, dann wird sie *ipso facto* keine Beschränkungen zulassen, die auf beliebige Bezugnahmen auf Individuen, Zeiten, Orten usw. in Maximen zurückgehen. Eine Vernunft, die vor sich selbst Bestand haben kann, würde für diese Details in Maximen also einfach blind sein.

16 Schwierigkeiten, Teil 3: Pflichten jenseits von »Vernunftwesen«

In Kants Ethik spielen vernünftige Wesen, die sich aus freiem Willen eigene Ziele setzen können, eine zentrale Rolle. Unsere moralische Pflicht ist es ja, ihren Status zu achten, indem wir nur so entscheiden, dass wir die gleichen Entscheidungsmöglichkeiten für alle von ihnen bejahen können.

Das wirft die Frage auf, was mit Wesen ist, die diesen Status nicht teilen. Was wir prüfen sollen, ist ja, ob unsere Maximen mit den gleichen Freiheiten von *Vernunftwesen* vereinbar sind – und damit meint Kant einen Grad an Freiheit und vernünftiger Reflexion, den wir vielen nicht-menschlichen Tieren, aber auch vielen Menschen (Säuglingen, Menschen mit fortgeschrittener Demenz oder im irreversiblen Koma) kaum zuschreiben können. Beschränken *diese* Wesen uns in unserer Wahl von Maximen also nicht? Gibt es in Kants Ethik keine Pflichten ihnen gegenüber?

Kant selbst ist zumindest in einigen dieser Fälle tatsächlich von einem minderwertigen moralischen Rang ausgegangen. Das gilt jedenfalls für den Fall der nicht-menschlichen Tiere. Sie, so Kant, seien für uns Menschen »Mittel und Werkzeuge zu Erreichung beliebige[r] Absichten« (VIII: 114). Wir haben durchaus Pflichten in Anbetracht der Tiere; er erwähnt eine »Pflicht der Enthaltung von gewaltsamer und zugleich grausamer Behandlung der Thiere« (VI: 443). Ebenso gebe es Pflichten der Dankbarkeit, wenn Tiere uns gute Dienste erwiesen haben (vgl. ibid.). Dennoch gelten auch diese Pflichten letztlich uns selbst: Wir dürfen Tiere nicht grausam behandeln, weil zu befürchten steht, dass sonst »das Mitgefühl an ihrem Leiden im Menschen abgestumpft« (ibid.) wird und in der Konsequenz auch die Bereitschaft zur Gewalt gegenüber Vernunftwesen ansteigen kann. Auch hier stehen also *letztlich* die Vernunftwesen im Fokus der Ethik, Pflichten in Anbetracht anderer Wesen spielen lediglich eine instrumentelle Rolle.

Vielen heutigen Lesern (mich eingeschlossen) erscheinen diese Ansichten Kants als falsch. Ich möchte aber im Folgenden zeigen, dass diese Ansichten nicht aus Kants *ethischer Theorie* folgen. Nicht nur zwingt uns diese Theorie nicht dazu, anderen Lebewesen einen minderen moralischen Rang zuzusprechen. In Wahrheit spricht sie sogar *dafür*, dass diese Wesen einen vollwertigen moralischen Status haben.

Zunächst einmal ist die zentrale Rolle von Freiheit und Vernunft in Kants Ethik natürlich nicht zu bestreiten. Aber es gilt, diese Rolle richtig zu verstehen. Wir prüfen eine Maxime ja daraufhin, ob sie mit den gleichen Freiheiten aller Vernunftwesen vereinbar ist. Das bedeutet aber nicht, dass sich in diesem Testverfahren nur solche Maximen als unzulässig erweisen, die speziell eine bestimmte Behandlung von Vernunftwesen *zum Inhalt* haben. Z. B. wird die Maxime: »Ich töte andere Lebewesen, wenn es meinen Zielen dient« natürlich ganz genau so von diesem Verfahren ausgeschlossen wie die Maxime »Ich töte andere Menschen, wenn es meinen Zielen dient«, denn die Klasse der Lebewesen enthält natürlich unter anderem Menschen. Dennoch macht die erstere Maxime eben keinerlei Unterschied zwischen Vernunftwesen und anderen Lebewesen.

Wir müssen also unterscheiden zwischen der *Begründung* einer Pflicht und ihrem *Inhalt*. Die Begründung dafür, dass es falsch ist, nach einer bestimmten Maxime zu handeln, wird in Kants Ethik immer gleich lauten: Wir können nicht wollen, dass alle Vernunftwesen nach ihr handeln. Aber das heißt nicht, dass es im Inhalt einer verwerflichen Maxime nur um Vernunftwesen geht.

Nichts an Kants Testverfahren zwingt uns also dazu, unsere

konkreten Pflichten auf die Klasse der Vernunftwesen einzuschränken. Aber damit ist das Problem leider noch nicht gelöst. Der aufmerksame Leser wird bemerkt haben, dass sich für die eingeschränkte Maxime: »Ich töte Wesen, *die keine Vernunftwesen sind*, wenn es meinen Zielen dient«, andere Resultate zu ergeben scheinen. Jedenfalls scheint die Erklärung aus Kap. 9 hier nicht zu funktionieren. Maximen des willkürlichen Tötens, so wurde dort argumentiert, können deswegen nicht als Gesetze gewollt werden, weil sie es für spezifische Vernunftwesen, nämlich die prospektiven Opfer, unmöglich machen würden, auch auf diese Weise zu handeln. *Diese* Komplikation ergibt sich natürlich dann nicht, wenn unsere Maxime explizit berücksichtigt, dass es sich bei den Opfern nicht um Vernunftwesen handelt.

Das würde bedeuten, dass wir einen moralischen Freifahrtschein für beliebige Handlungen haben, solange wir diese Handlungen gewissenhaft nur auf die beschränken, die nicht den Status von Vernunftwesen haben. Gewiss, man könnte wie Kant argumentieren, dass sich diese Trennung psychologisch nicht als stabil erweisen kann (so dass aus ihrer Umsetzung Abstumpfung resultiert, die sich auch auf die Behandlung von Vernunftwesen auswirkt). Daraus ergeben sich jedoch noch immer nur abgeleitete und instrumentelle Pflichten gegenüber Nicht-Vernunftwesen. Das genügt nicht.

Christine Korsgaard (2011) hat einen Weg aufgezeigt, wie dieses Resultat innerhalb der Ethik Kants vermeidbar ist. Sie versucht zu zeigen, dass gerade unsere Vernunftnatur, also die zentrale Größe in Kants Ethik, uns dazu zwingt, auch diejenigen Aspekte an uns wichtig zu nehmen, die nicht spezifisch für unsere Vernunftnatur sind: Gerade unsere Fähigkeit zu freiem und vernünftigem Entscheiden legt uns darauf fest, dass auch unsere »animalische« Natur Wert hat.

Korsgaards Idee ist elegant. Sie beruft sich auf eine einfache

Einsicht: Solange wir noch keine Entscheidung getroffen haben, gibt es auch noch keine Entscheidung, die wir als unsere freie und autonome Entscheidung respektieren müssten. Damit wir überhaupt in die Situation gelangen, unsere Vernunftnatur in Entscheidungen zu verwirklichen, müssen wir an irgendeinem Punkt zunächst etwas anderes als entscheidungsrelevant behandelt haben. Was zumindest im Falle einiger Entscheidungen den Anstoß gibt, kann nicht unsere Vernunftnatur sein, sondern es muss etwas so Prosaisches sein wie die Furcht vor Schmerz, die Aussicht auf Freude, usw. Wenn ich überhaupt einmal dazu kommen soll, meine Vernunftnatur zu manifestieren, dann muss ich zuvor akzeptiert haben, dass Schmerz, Freude, usw. einfach *als solche* Relevanz besitzen. Diese Überlegungen sollen zeigen, dass jeder von uns darauf festgelegt ist, auch dasjenige wichtig zu nehmen, was er oder sie mit allen anderen Lebewesen, vernünftig oder nicht, teilt: die Fähigkeit zum Leiden, zu Freude, körperliche Bedürfnisse, Ängste usw.

Allerdings ist Korsgaards Argument in dieser Form lückenhaft. Unsere Wertschätzung unserer Vernunftnatur muss sich ja nicht nur als Respekt für getroffene *Entscheidungen* äußern. Auch bevor wir uns entscheiden, haben wir ja den Status von Wesen, die vernünftige Entscheidungen fällen *können*. Warum sollten wir nicht im Bewusstsein dieses Status die Neigungen *solcher Wesen* besonders wichtig nehmen?

Wir können Korsgaards Argument aber vervollständigen, indem wir uns an einige weitere Aspekte der Theorie Kants erinnern. Speziell sollten wir an seine Überlegungen in Bezug darauf denken, wie wir selbst von unserer Vernunftnatur überhaupt *wissen* können. Wie in Kap. 13 gezeigt wurde, bestreitet Kant, dass wir auf empirischem Wege feststellen können, dass wir freie und vernünftige Wesen sind. Was unsere empirische Erfahrung betrifft, haben wir keinerlei Grund, uns irgendwie für besonders zu halten; wir erscheinen als genau solche determinierten Lebewesen wie alle anderen. Unser Bewusstsein unserer Freiheit teilt sich uns Kant zufolge nur dadurch mit, dass wir uns moralischen Forderungen gegenüber sehen. Das moralische Gesetz ist, wie wir in Kap. 13 erfahren haben, die *ratio cognoscendi* der Freiheit; der Mensch »urtheilt also, daß er etwas kann, darum weil er sich bewußt ist, daß er es soll« (V: 30 / UB 49). Ein Bewusstsein von unserer freien Vernunftnatur ergibt sich also erst *im Zuge* unseres praktischen, moralischen Überlegens. Daraus ergibt sich ein prinzipieller Grund, warum der Inhalt dieses Überlegens nicht in allen Fällen und von vornherein dadurch beschränkt sein kann, dass wir uns als solche Vernunftwesen verstehen.

Denken wir in diesem Zusammenhang erneut an Kants Handlungsmodell (vgl. Kap. 4): Zuerst einmal finden wir bestimmte Neigungen in uns vor. Daraufhin bilden wir Maximen, in denen diese Neigungen als Gründe für bestimmte Handlungen angeführt werden. Wir müssen in diesen Maximen Gesetze sehen, d. h. wir müssen diese Gründe als vernünftig ansehen. Die Vernunft prüft dann, ob die Maximen diesem Anspruch auch genügen, ob sie also Gesetze *sind*.

Erst indem wir dies tun, und indem wir bemerken, dass unsere Vernunft es erlauben oder verbieten kann, nach Maximen zu handeln, erlangen wir ein Bewusstsein unserer Vernunftnatur. Erst an *diesem* Punkt wird uns also deutlich, dass wir mehr zu sein scheinen als lediglich determinierte Lebewesen. Aber, und damit kommen wir auf Korsgaards Idee zurück: An diesem Punkte *haben* wir bereits einige unserer Neigungen als Gründe behandelt, und wenn unsere Vernunft es zulässt, dann handeln wir auch nach ihnen. Wir können also unmöglich in jedem dieser Fälle unsere Neigungen schon als Neigungen *von Vernunftwesen* und *deshalb* als etwas Besonderes verstanden haben. Bevor wir einen Grund haben konnten, uns irgendeine besondere Natur zuzuschreiben, mussten wir bereits angefangen haben, in unseren Neigungen Gründe zu sehen, die nach Handlungen verlangen und die wir zu prüfen haben. Wenn wir uns aber schon von Anfang an eine besondere Natur zugeschrieben hätten, wäre das ebenso willkürlich gewesen als hätten wir uns als Wesen mit Sommersprossen oder mit grünen Augen einen besonderen Status zugesprochen.

Anders gesagt: Wenn wir erst darauf gewartet hätten, dass wir in uns und unseren Neigungen etwas Besonderes erkennen, bevor wir diese Neigungen als Gründe behandeln und wichtig nehmen – dann hätten wir ewig warten müssen. Wir hätten unseren vernünftigen Willen dann niemals manifestiert und wir hätten uns niemals als Vernunftwesen zu verstehen gelernt.

Das erlaubt uns, eine weitreichende Schlussfolgerung zu ziehen: Wir können die Maxime, nur die Neigungen und Bedürfnisse von Vernunftwesen als relevant zu behandeln, *nicht* als Gesetz wollen. Dieses Gesetz hätte die Manifestation unseres vernünftigen Willens untergraben. Wir selbst könnten nicht nach dieser Maxime handeln – denn wir alle würden vergeblich warten müssen, bis wir in unseren Neigungen die Neigungen von Vernunftwesen erkennen. Die Maxime, nur die Neigungen von Vernunftwesen als Gründe zu respektieren, erweist sich also als unmoralisch. Und das bedeutet auch: Es ist unmoralisch, die Missachtung der Neigungen und Bedürfnisse anderer Lebewesen damit zu rechtfertigen, dass sie ja keine Vernunftwesen seien.

In Kants Ethik gibt es also nicht nur einen »Platz« für Pflichten jenseits der Sphäre der Vernunftwesen. Es gibt in Kants Ethik sogar *keinen* Platz für den Gedanken, dass die Bedürfnisse und Neigungen anderer Lebewesen vernachlässigt werden können. Natürlich müsste nun genau geprüft werden, welche Pflichten sich begründen lassen und welche nicht und wie weit sie reichen. Das wäre jedoch eine Aufgabe für ein eigenes Forschungsprojekt, nicht für eine Einführung. Festzuhalten ist: Aus Kants Ethik ergeben sich ethische Forderungen gegenüber allen Lebewesen, die mit uns die Natur von Wesen mit Bedürfnissen, Neigungen, Ängsten usw. teilen. Vernunft ist also nicht die Grenze der Ethik Kants.

17 Schwierigkeiten, Teil 4: Rigorismus?

Kants Ethik formuliert einige absolute Beschränkungen, die wir auch um der schönsten Resultate willen nicht missachten dürfen.[47] Das erscheint in vielen Fällen auch durchaus als plausibel. Menschen haben ein Recht darauf, dass wir bestimmte Dinge auch dann nicht mit ihnen tun, wenn dies dem Wohl einer größeren Zahl Anderer förderlich wäre. Falls ein Flugzeug entführt wird und auf ein Stadion mit Tausenden Menschen zusteuert, finden wir (oder doch die meisten von uns) es falsch, dieses Flugzeug zum Schutz der größeren Gruppe abzuschießen. Kants Ethik stützt diese Sichtweise durch den Vorrang, den sie vollkommenen Pflichten zuschreibt (vgl. Kap. 8). Das unterscheidet sie von anderen Ansätzen, etwa dem sog. Utilitarismus.

Wie wir jedoch ebenfalls bereits in Kap. 8 angedeutet haben, scheint Kants Ethik in einigen Fällen *allzu* strenge Verbote zu generieren. Wir wollen uns einige dieser Fälle nun genau ansehen.

Die problematischen Fälle haben überwiegend mit Formen der Täuschung zu tun. Eine dieser Formen, das falsche Versprechen, haben wir bereits besprochen. Eine weitere Form, die Lüge, diskutieren wir gleich. Diese Handlungen haben eine doppelte Eigenschaft, die sie für Kants Ethik zur Problemquelle macht. Zum einen scheinen manche Täuschungen intuitiv keine allzu große Bedeutung zu haben. Gibt es nicht auch kleine, unwichtige Lügen, die letztlich niemandem weh tun? Zum anderen ergibt sich aus Kants Ethik aber gerade für Täuschungen ein Verbot, das tatsächlich keinerlei Ausnahmen zuzulassen scheint. Sehen wir uns dazu den besagten Fall des Lügens an:

47 Wie bereits in Kap. 8 dargestellt wurde, vgl. hier S. 66.

Kant diskutiert das Problem der Lügen in der *Grundlegung* nicht gesondert, aber es ist völlig klar, dass diese Begründung dem Falle der falschen Versprechen analog ist. In einer Welt, in der Menschen sich nicht einigermaßen zuverlässig an die Wahrheit halten, kann niemand dem Anderen glauben. Wo uns aber ohnehin niemand etwas glauben wird, können wir auch niemanden mehr anlügen.[48]

Diese Erklärung leuchtet ein. Sie zeigt, dass man sich mit dem Lügen notwendig einen Ausnahmestatus einräumt. Man tut etwas, das nur deshalb möglich ist, weil Andere sich dasselbe nicht zugestehen. Tatsächlich scheint diese Erklärung aber sogar *zu* gut zu funktionieren. Denn diese Überlegungen lassen unter keinen Umständen Lügen zu. Auch dann, wenn wir versuchen, Ausnahmen für echte Notlagen zu machen, lauert auf uns dasselbe Resultat. Eine Maxime etwa, speziell in Notlagen des Typs XY zu lügen, kann kein Gesetz sein. Denn dann würde eben genau in Notlagen des Typs XY niemand mehr dem anderen etwas glauben können. Keine Lüge wäre jemals zulässig. Zumindest in seinen späten Schriften vertritt Kant auch ganz unmissverständlich diese unnachgiebige Ansicht. In seiner *Metaphysik der Sitten* zählt er die Pflicht, nicht zu lügen,

48 Wie in Kap. 6 dargestellt (vgl. hier S. 46), gibt es verschiedene Weisen, den Widerspruch auszubuchstabieren: Man kann sagen, dass es in einem Kontext, in dem niemand den Worten des anderen glaubt, keine Konvention der Wahrhaftigkeit gibt – und also auch keine Möglichkeit, diese Konvention zu missbrauchen. Daher wäre es in der Tat unmöglich, zu lügen. Dieses Szenario als eines zu beschreiben, in dem wir alle lügen, wäre also notwendig falsch. Alternativ könnte man sagen, dass hier zweierlei in Widerspruch miteinander gerät, nämlich erstens die Vorstellung, dass wir alle lügen, und zweitens die Überzeugung, die meine Maxime ausdrückt, d. h. die Überzeugung, ich könnte mit einer Lüge mein Ziel erreichen.

zu den vollkommenen Tugendpflichten – zu einer Kategorie also, die wirklich keine Ausnahmen duldet.

Das wurde schon früh als skandalös empfunden. Benjamin Constant (1767–1830, seinerseits ein bedeutender politischer Theoretiker) kritisiert Kant schon 1797 mit einem Beispiel, das Kant später wie folgt wiedergibt: »[D]ie Lüge gegen einen Mörder, der uns fragt, ob unser von ihm verfolgter Freund sich nicht in unser Haus geflüchtet, [wäre] ein Verbrechen« (VIII: 425). In seiner Replik gesteht Kant zu, dass wir zwar *dem Mörder* persönlich kein Unrecht täten, wenn wir ihn anlügen würden. Er besteht aber dennoch darauf, dass eine Lüge angesichts des Mörders ein Vergehen »gegen die Menschheit überhaupt« (VIII: 426) und also moralisch verwerflich sei.

Diese Position ist kaum zu akzeptieren. Dürfen wir tatsächlich nicht einmal dann lügen, wenn unsere Lüge einen Unschuldigen vor einem Mörder retten würde? (Für uns liegt es heute nahe, finstere Episoden aus der deutschen Geschichte anzuführen: Dürfte man nicht einmal lügen, um eine versteckte jüdische Familie vor Nazi-Schergen zu bewahren?) Diese Sichtweise ist nicht nur unplausibel, sie ist abstoßend.[49]

49 Einige heutige Autoren weisen zu Recht darauf hin, dass Kants Replik auf Constant etwas komplexer ist, als es zunächst den Anschein hat. Vor allem diskutiert Kant Constants Beispiel im Kontext seiner Rechtsphilosophie, deren Beziehung zu seiner Moralphilosophie nicht hinreichend geklärt ist. Einige seiner rechtsphilosophischen Termini sind jedenfalls an entscheidenden Stellen im Spiel – etwa, wo Kant sagt, es sei eine unbedingte Pflicht, in allen »Erklärungen« wahrhaftig zu sein. Nicht jede Behauptung aber, so zeigt z. B. Wood (2008) S. 240 ff., fällt unter Kants technischen, rechtsphilosophischen Begriff einer Erklärung. Gleichwohl, so gesteht auch Wood zu, sind die Äußerungen über den Status des Lügenverbots als einer *ethischen Tugendpflicht* in Kants Spätwerk ziemlich eindeutig.

Man mag zu Kants Rettung sagen, dass er natürlich auch nicht behauptet, man müsse den Mörder bereitwillig hereinbitten. Vielleicht ist sein Gedanke der, dass man nicht lügen darf, sondern sich dem Bösen mutig und offen entgegenstellen soll? Das klingt zwar weniger abstoßend. Aber oft wäre solcher Heroismus bloß tödlicher Leichtsinn.

Man bezeichnet dieses Problem oft als den *Rigorismus* der Ethik Kants. Damit ist gemeint, dass einige Forderungen dieser Ethik (etwa das Lügenverbot) allzu wenig in Betracht zu ziehen scheinen, wie viel Leid ihre Befolgung u. U. erzeugt. Ich möchte nun jedoch zeigen, dass Kants ethische Theorie durchaus eine differenziertere Sichtweise zulässt, als Kant selbst sie vertritt.

Wichtig ist dabei, dass in Fällen wie Constants Mörder-Beispiel (oder unserem Beispiel der Nazi-Schergen) sehr spezielle Bedingungen vorliegen. In diesen Beispielen wäre eine Lüge nämlich eine *Reaktion* auf etwas, *das selbst unmoralisch ist*: Wir lügen nicht für irgendwelche Zwecke, sondern aus dem Grunde, dass unsere Aufrichtigkeit von Anderen für ihr unmoralisches Tun benutzt werden soll.

Obgleich Kant in seinem Spätwerk wie gesagt eine extrem rigorose Haltung proklamiert, hat er zu anderen Zeiten gesehen, dass hierin ein wichtiger Unterschied liegt. Aus seinen früheren Vorlesungen über Ethik (die er vermutlich noch zum Zeitpunkt der Veröffentlichung seiner *Grundlegung* gehalten hat[50]) liegen uns differenziertere Ausführungen vor. In Mitschriften, die von Kants Studierenden überliefert sind, heißt es etwa:

50 Für eine entsprechende Einschätzung der Datierung der Mitschriften, aus denen die unten zitierten Passagen stammen, siehe J. Schneewinds Vorwort in der englischen Ausgabe von Kants *Lectures on Ethics* (Schneewind 1997).

> Wenn wir aber in allen Fällen der Pünktlichkeit der Wahrheit möchten treu bleiben, so möchten wir uns oft der Bosheit anderer Preis geben, die aus unserer Wahrheit einen Mißbrauch machen wollten. (XXVII: 448)

Kant gesteht in diesem Kontext also zu, dass es in solchen Fällen moralisch gerechtfertigt sein kann, zu lügen. Er gibt folgendes Beispiel:

> [E]s frägt mich jemand, der da weiß daß ich Geld habe, hast du denn Geld bey dir? – Schweige ich still, so schließt der andre daraus, daß ich es habe, sage ich ja, nimmt er es mir ab, sage ich nein, so lüge ich, was ist hiebey zu tun? So fern ich gezwungen werde durch Gewalt, die gegen mich ausgeübt wird, ein Geständnis von mir zu geben und von meiner Aussage ein unrechtmäßiger Gebrauch gemacht wird, und ich mich durch Stillschweigen nicht retten kann, so ist die Lüge eine Gegenwehr; die abgenöthigte Declaration [hier: Aussage, Erklärung], die gemißbraucht wird, erlaubt mir mich zu verteidigen, denn ob er mir mein Geständnis oder mein Geld ablockt, das ist einerley. (XXVII: 448)

Die Lüge ist hier also eine Art von Notwehr und daher zulässig. Es steht zu vermuten, dass Kant zu diesem Zeitpunkt einer analogen Lösung für den Mörder-Fall zugestimmt hätte.

Diese frühere Haltung Kants ist, so darf man festhalten, plausibler. Aber es bleibt natürlich dabei, dass es Kants *Theorie* ist, die wir hier zu prüfen haben. Die Frage muss also lauten: Lässt sich diese moderate Haltung der Vorlesungen mit Kants kategorischem Imperativ begründen? Die Philosophin Christine Korsgaard bejaht dies.[51] Wenn wir es als einen entschei-

51 Freilich hängt Korsgaard einer Lehre an, die wir in früheren Kapiteln zurückgewiesen haben – nämlich der Lehre, dass Kants ver-

denden Faktor behandeln, dass wir einen Übeltäter anlügen, damit dieser unsere Aufrichtigkeit nicht ausnutzt, dann nehmen wir diese Bedingung in unsere Maxime auf. So eine Maxime, so Korsgaard, können wir als Gesetz wollen.

Hier mag man zunächst Zweifel haben. Wie eingangs erwähnt, scheint eine Beschränkung von Maximen des Lügens auf bestimmte Bedingungen oder Notlagen keine aussichtsreiche Strategie zu sein. Auch in beschränkterem Rahmen drohen dieselben Widersprüche im Denken. Daher scheint auch die Maxime: »Ich lüge, wenn dies einen Mörder an seinem Tun hindert« zunächst kein erfolgversprechender Kandidat für ein Gesetz zu sein. Doch hier kommt Korsgaards wichtige Idee ins Spiel: Gerade *weil* wir es hier mit einem unmoralischen Akteur zu tun haben, dürfen wir auch davon ausgehen, dass *er* in den fraglichen Fällen nicht zögern würde, *uns* über die Umstände zu täuschen. Um an sein Ziel zu gelangen, würde er uns nicht wissen lassen wollen, dass er morden will. Wenn wir unsere Maxime also verallgemeinern, dann müssen wir uns eine Welt denken, in der Mörder uns um Auskunft bitten *und uns zugleich darüber zu täuschen versuchen*, dass die Umstände vorliegen, in denen ein Gesetz uns das Lügen erlauben würde. Folglich hätten sie aber auch keinen Grund mehr, eine Lüge von uns zu erwarten und uns zu misstrauen. Sofern wir die Absicht trotzdem erkennen, spricht also nichts dagegen, dass wir sie erfolgreich belügen. Gewiss, in einer solchen Welt würden wir vermutlich oftmals tatsächlich erfolgreich getäuscht. Aber nicht jeder Täuschungsversuch würde erfolgreich sein.

schiedene Formulierungen des kategorischen Imperativs nicht äquivalent seien. Im vorliegenden Kontext behauptet Korsgaard, dass die Gesetzesformel zwar eine moderate Haltung zum Lügen begründen kann, dass aber die Zweckformel für die rigoristische Haltung spricht. Dieses Problem stellt sich für unsere Erläuterung also nicht.

Wir haben daher keinen Grund gefunden, der dafür spricht, dass es *unmöglich* ist, dass wir nach jener Maxime handeln – und erst recht keinen Widerspruch.

Warum dürfen wir aber annehmen, dass der Mörder versuchen würde, uns zu täuschen? Er ist ohnehin dabei, keinerlei Respekt vor der Pflicht zu zeigen. Die Annahme, dass er jetzt skrupulös bei der Wahrheit bleiben würde (»Guten Tag, ich würde gerne Ihren Freund ermorden, ist er vielleicht hier?«), ist mehr als unplausibel. Auch dort, wo es ein allgemeines Gesetz wäre, Mörder (und Diebe usw.) anzulügen, wären solche Lügen also weiterhin möglich, weil ihre unmoralischen Vorhaben sich gewiss auch darauf ausdehnen würden, diese Umstände vor uns zu verschleiern.

Dieser Vorschlag erfasst genau, dass eben der Mörder (oder der Dieb usw.) die *Quelle* der Unmoral darstellt. Indem Mörder, Diebe usw. unmoralisch handeln, bringen sie sich in eine Position, die für uns eine moralische Ausnahmesituation ist. Durch ihre unmoralischen Vorhaben kreieren sie eine Situation, die Maximen des Lügens vor einem Widerspruch im Universalisierungstest bewahrt. Zumindest im berüchtigten Falle des Mörders an der Tür lässt sich der Rigorismus-Vorwurf gegenüber Kants Ethik (wenn auch nicht gegenüber dem späten Kant selbst) also zurückweisen.

Damit ist das Rigorismusproblem jedoch nicht vollständig gelöst. Kann es nicht andere Fälle geben, in denen z. B. Lügen oder falsche Versprechen für wichtige Ziele unvermeidbar sind und die nicht unter das obige Schema fallen? Was, wenn die Person, die wir belügen müssten, kein Übeltäter ist? Derek Parfit (2011, S. 178) konstruiert ein Beispiel dieser Art: Angenommen, jemand fragt mich, ob Brown einen Mord begangen hat. Und ich weiß: Wenn ich korrekt antworte, dann wird Brown sicher herausfinden, dass mein Gegenüber Bescheid weiß, und auch ihn oder sie töten. Ich könnte nun diese unschuldige Person belügen, um ihr Leben zu retten. Darf ich das tun?

Hier scheint die obige Lösung nicht zu funktionieren. In einer Welt, in der die Maxime: »Ich belüge eine unschuldige Person, um sie nicht zur Zielscheibe eines Mörders zu machen« ein Gesetz wäre, scheinen unsere Adressaten unseren Worten nicht mehr trauen zu können. Und es gibt keinerlei Grund dafür, anzunehmen, dass *diese* Personen uns über die Umstände belügen würden.

In der Tat ergibt sich aus Kants Ethik aber eine angemessene Lösung für diesen Problemfall, und es ist lehrreich, sich diese Lösung anzusehen. Dabei erweist diese Ethik sich nämlich als ein sehr differenziertes Instrument zur Beurteilung derartiger Fälle. Wir sollten dazu zwei Weisen unterscheiden, wie man Parfits Beispiel (und ähnliche) vervollständigen kann. Erstens können wir uns den Fall wie folgt ausmalen: Mein Gegenüber weiß vielleicht, dass die Frage gefährlich ist oder kann es sich jedenfalls leicht denken. Dass er oder sie trotzdem fragt, liegt daran, dass er oder sie die berechtigte Hoffnung hat, mit der Information etwas Wichtiges erreichen zu können. Vielleicht handelt es sich um die einzige Person, die diese Information über Brown rechtzeitig der Polizei zuspielen kann, und er oder sie ist bereit, dies unter Einsatz des Lebens zu versuchen? Für diesen Fall ist das Kantische Verbot durchaus korrekt. Hier gilt in der Tat, dass Lügen falsch ist. Ich würde mir anmaßen, in einen mutigen Entschluss eigenmächtig einzugreifen und für mein Gegenüber zu entscheiden, wie viel Wahrheit für ihn oder sie gut ist.

Wir können uns den Fall aber zweitens auch wie folgt ausmalen: Mein Gegenüber fragt mich unbedarft, ohne ein Bewusstsein von der Gefahr, die droht. Außerdem bin ich sicher, dass dann, *wenn* mein Gegenüber um die Gefahr wüsste, er oder sie gar nicht fragen würde. Hier ist zu beobachten: Für genau *diese* Fälle *kann* ich es mir als ein Gesetz denken, zu lügen, um Menschen vor derlei Gefahr zu bewahren. Denn ihre Frage *beruht* ja auf Unwissenheit über diese Gefahr. Und genau diese Unwissenheit führt auch dazu, dass sie keinen Anlass dazu haben würden, jenes Gesetz für einschlägig zu halten. Genau so wenig wie sie eine Gefahr ahnen, ahnen sie, dass das Lügen-Gesetz für ihren Fall gilt.

Hier ergibt sich aus Kants Verfahren also folgendes: Ob ich meine Maxime als Gesetz wollen kann oder nicht, hängt davon ab, ob ich die Motive und Umstände der gefährlichen Frage korrekt berücksichtigt habe. Wenn ich davon ausgehen darf, dass die Frage nur aus Unwissenheit über die Gefahr resultiert, dann darf ich auch lügen. Wenn ich aber davon ausgehen muss, dass mein Gegenüber im Bewusstsein der möglichen Gefahr selbstbestimmt entschieden hat, was er oder sie wissen will, dann wäre dies falsch. Kurzum: Kants Verfahren zwingt zu einer genauen Prüfung und führt zu einer überaus differenzierten Bewertung, die alles andere als ein rigoroses Lügenverbot impliziert.

Was wäre, wenn mein Gegenüber zwar im Bewusstsein der Gefahr fragt, jedoch nicht aus heroischen Gründen, sondern nur aus dem Grund, weil die Neugier ihn oder sie übermannt? In diesem Falle könnte man mit Kant sagen, dass diese Frage eine Pflicht gegen sich selbst verletzt. Kants Ethik verbietet es zwar nicht, sein Leben für wichtige Ziele zu riskieren (etwa für den Schutz großer menschlicher Güter wie einen Staat). Aber sie verbietet es, sein Leben aus trivialen Gründen zu gefährden (vgl. dazu Kap. 7). Daher kann man an dieser Stelle die obige Begründung heranziehen: Wir dürfen lügen, um einem Übeltäter nicht zu Diensten zu sein. Diese Maxime können wir als Gesetz deshalb wollen, weil jemand, der aus Neugier sogar seine Pflicht gegen sich selbst mit Füßen tritt, kaum zögern würde, mir weis zu machen, dass die Gefahr gar nicht so groß sei.

Wir können diese Überlegungen wie folgt zusammenfassen: Eine Maxime der Täuschung (der Lüge oder des falschen Versprechens) kann als Gesetz dann gewollt werden, wenn die Täuschung Güter schützt, die der Getäuschte unter den gegebenen Bedingungen nicht rationaler Weise gefährdet sehen wollen könnte. Der Wunsch nach Information oder einem Versprechen resultiert hier entweder aus Unkenntnis über die Gefahr oder aus einer unmoralischen Vernachlässigung dieser Güter. In beiden Fällen kann eine Täuschung als Gesetz gewollt werden.

Kants Ethik vermeidet also einige der rigoristischen Implikationen, die ihr zugeschrieben werden. Das gilt für die diskutierten Problemfälle. Ob es Fälle gibt, denen mit den beschriebenen Lösungsansätzen nicht beizukommen ist, lässt sich hier natürlich nicht vollständig ausschließen.

18 Aktuelle Herausforderungen: Kants Ethik und Probleme kollektiven Handelns

Kants Ethik hat eine große Stärke in einigen Bereichen, die gegenwärtig besondere Brisanz haben. Diese Stärke liegt darin, dass sie uns dazu anhält, in der Bewertung unseres Handelns immer die Perspektive einer Gemeinschaft von Vernunftwesen einzunehmen. Kants Sittengesetz verlangt von jedem von uns, jede Entscheidung direkt als eine zu bewerten, die *wir alle* treffen könnten. Diese Perspektive hilft bei der Lösung einiger drängender ethischer Probleme, vor denen wir heute stehen. Ich diskutiere Fälle aus dem Umwelt- und Tierschutz und aus der globalen Wirtschaft.

In diesen Bereichen begegnen wir sogenannten *Problemen kollektiven Handelns*.[52] Hier erzeugt das Handeln einer Gruppe Kosten, die durch eine Änderung im Verhalten eines einzelnen Mitglieds nicht oder nicht in relevantem Maße verringert würden. Solche Situationen liegen z. B. dort vor, wo es um Allmendegüter[53] geht.[54] Ein bekanntes Beispiel: Für jeden in einer

52 Die Bezeichnung »kollektives Handlungsproblem« oder »Problem kollektiven Handelns« geht wohl auf Mancur Olson (1965) zurück. Eine wichtige Anmerkung: In wirtschaftswissenschaftlichen Debatten (etwa in Olsons eigener Diskussion) wird ein Problem kollektiven Handelns so definiert, dass die Vorteile, die der Akteur *selbst* durch seinen Beitrag hat, nicht die Kosten überwiegen, die ihm aus diesem Beitrag erwachsen. Viele der nachfolgenden Probleme sind insofern noch dramatischer, als es den Anschein hat, dass *niemandem* (weder dem Akteur noch anderen) durch den Beitrag des einzelnen Akteurs Vorteile entstehen, die diese Kosten rechtfertigen.

53 Quasi-Kollektivgüter, bei denen Rivalität zwischen den Nutzern aufkommt, z. B. bei Fischbeständen.

54 Eine Darstellung solcher Probleme findet sich in dem einflussreichen Artikel von Hardin (1968).

Gruppe von Fischern erscheint es profitabel, fortan größere Netze zu verwenden und so mehr Fische zu fangen. Tun dies aber alle Fischer, kommt es zu Überfischung, und letztlich fängt jeder weniger. Das Problem ist: Jeder Fischer weiß, dass seine individuelle Entscheidung am Ausgang nichts ändert. Wenn die Anderen (alle oder überwiegend) mehr fischen, kommt es auch dann zur Überfischung, wenn er selbst verzichtet. Da erschiene es dumm, als einziger *noch* weniger zu fangen. Wenn aber die Anderen (alle oder überwiegend) verzichten, dann gibt es keine Überfischung, und dann gibt es für den einzelnen Fischer aber auch keinen Grund mehr, auf ein größeres Netz für sich zu verzichten. So gerne man die Überfischung verhindern würde – da das eigene Tun ohnehin nichts daran ändert, findet sich einfach kein Grund, selbst zu verzichten. Es scheint die beste[55] Strategie für den einzelnen Fischer zu sein, mehr zu fischen. Diese Logik erscheint als zwingend, aber ihre Folgen sind fatal.

Hier zeichnet sich eine Struktur ab, die für viele heutige Probleme charakteristisch ist: *Es wäre besser, wenn wir alle auf eine Aktivität verzichten; der Verzicht des Einzelnen ändert aber absehbar nichts; daher ist für den Einzelnen kein Grund ersichtlich, auf die persönlichen Vorteile, die sich aus dieser Aktivität ergeben, zu verzichten.*

Beispiele für kollektive Handlungsprobleme mit dieser Struktur ergeben sich etwa in der Klimaethik: Wenn wir alle weniger überflüssige Flugreisen machten, so hätte das (wie ich hier annehmen möchte) absehbar einen günstigen Einfluss auf die Klimaentwicklung. Ob aber jeder *einzelne* von uns auf einen Flug verzichtet oder nicht, macht absehbar keinen solchen Unterschied.

55 In der Entscheidungstheorie spricht man von einer *dominanten* Strategie – einer Option also, die unter allen denkbaren Umständen die bessere Wahl ist.

Ähnliche Probleme finden sich in der Tierethik: Es wäre besser, wenn niemand von uns das billige Fleisch und die billigen Eier aus der Massentierhaltung kaufte. (Ganz zu schweigen davon, dass es womöglich *noch* besser wäre, ganz auf solche Produkte zu verzichten.) Aber dadurch, dass ein einzelner Konsument auf eine Packung günstigen Aufschnitt verzichtet, ändert sich das System nicht. Mehr noch: Die Versorgungsketten zwischen Produzent und Konsument sind so indirekt, dass Einzelentscheidungen absehbar keine Auswirkungen auf die Mengen haben, die in den Betrieben bestellt und produziert werden.[56] Also hätte weder das Tier, von dem das Fleisch in einer bestimmten Packung stammt, noch sonst ein Tier von meinem Verzicht auf diese Packung einen Vorteil. Gleiches gilt aber für jede Packung und jeden einzelnen Konsumenten.

Schließlich gibt es analoge Situationen auch in der Ethik der globalen Wirtschaft: Natürlich wäre es besser, wenn niemand von uns die Jeans und Turnschuhe kaufte, die in Sweatshops unter fürchterlichen Bedingungen genäht werden. (Man mag fragen, ob unser Verzicht wirklich bessere Aussichten für die Betroffenen bedeutet. Aber unterstellen wir einmal, dass die Folge unseres Boykotts eine Verbesserung der Löhne und Arbeitsbedingungen in der Region wäre.) Aber wie in den Fällen zuvor gilt, dass die Konsumentscheidung des Einzelnen keinen absehbaren Effekt erzielt.

Es dürfte deutlich werden, dass solche Probleme kollektiven Handelns im Zentrum vieler aktueller ethischer Herausforderungen stehen. Die Schwierigkeit in all diesen Fällen besteht darin, dass zwar einzusehen ist, inwiefern *wir zusammen* falsch handeln, es aber zugleich schwer ist, an den Handlungen *jedes einzelnen Akteurs* etwas Falsches zu finden. Wenn es nun einmal keinerlei günstigen Effekt hat, wenn ich auf jene Aktivitäten verzichte: Warum muss ich es dennoch tun?

56 Jedenfalls argumentiert Budolfson (2015) für diese Sichtweise.

Können wir uns einfach damit zufriedengeben, dass der Einzelne in der Tat keinen Grund dafür hat, sein Verhalten zu ändern? Man könnte ja argumentieren, dass die eigentliche Pflicht darin besteht, politische Anstrengungen zu unternehmen, die eine kollektive Änderung im Handeln erzwingen. Tatsächlich ist es plausibel, dass es eine solche Pflicht gibt. Aber auch diese Pflicht stellt uns vor eine weitere Variante eines Problems kollektiven Handelns. Denn eine effektive politische Bewegung muss groß sein, und mein individueller Beitrag zu einer solchen Bewegung wird für deren Erfolg absehbar nicht entscheidend sein. Welchen Grund habe ich also, die Kosten, die mit meinem Beitrag verbunden wären, zu tragen? Davon abgesehen erscheint es einfach als unplausibel, dass wirklich nichts falsch daran ist, selbst mit bestimmten Aktivitäten fortzufahren, während man zugleich kritisiert, dass wir alle so handeln. Aber gibt es etwas, das daran falsch ist?

Viele Ansätze in der zeitgenössischen Ethik tun sich überaus schwer mit dieser Frage. Das liegt vor allem daran, dass diese Ansätze oft Varianten des sogenannten *Konsequentialismus* sind. Sie machen also die Bewertung von Handlungen letztlich nur von den Auswirkungen dieser Handlungen abhängig. Das gilt zum Beispiel für utilitaristische Ansätze. Für sie besteht die Schwierigkeit darin, zu erklären, wieso jeder von uns in den obigen Fällen ethisch verpflichtet sein sollte, sein Verhalten zu ändern. Ein Utilitarist müsste das so erklären, dass jede einzelne Verhaltensänderung in der Konsequenz dem Gesamtwohl förderlich ist. Aber das scheint eben nicht zu stimmen. Mein individueller Verzicht auf Flüge ändert nichts am Klimawandel, und mein individueller Verzicht auf eine Packung Salami kommt keinem geschundenen Tier zugute.[57]

57 Natürlich haben Utilitaristen zu diesem Punkt durchaus etwas zu sagen. Parfit (1984, Tl. I, Kap. 3) besteht darauf, dass es eben oftmals doch einen minimalen Beitrag gebe, den mein individuelles

Natürlich können Utilitaristen erklären, warum es gut wäre, wenn hinreichend viele von uns sich an die Regel hielten, auf die fraglichen Aktivitäten zu verzichten. Und manche Utilitaristen (sogenannte Regelutilitaristen) würden behaupten, dass die Regel aus eben diesem Grund bereits als eine gültige moralische Vorschrift gelten müsse. Aber es ist schwierig, diesen Vorschlag im eigenen Fall zu beherzigen:[58] Wenn der Grund dafür, dass jene moralische Vorschrift gelten soll, der ist, dass ihre allgemeine Befolgung sich positiv auf das Klima (oder das Wohl von Tieren, oder das Los von Arbeitern in Sweatshops) auswirkt, dann bleibt die Frage bestehen. Denn *mein* Befolgen der Regel hat nun einmal *keinen* Einfluss darauf, ob jene positiven Folgen resultieren. Also nochmal: Welchen Grund habe ich als Einzelner, jene Vorschrift zu befolgen?

Kants Ethik bietet eine Lösung für diese Fälle an. Das Rätsel ergibt sich ja aus dem Umstand, dass wir zwar als Kollektiv

Verhalten etwa zum Klimawandel liefert, und dass auch solche winzigen Effekte moralisches Gewicht haben können. Es ist aber zweifelhaft, ob das in jedem Falle stimmt. Durch meinen Verzicht auf Flüge fällt ja unter Umständen kein einziger Flug aus. Ähnliches gilt, wie gesagt, für den Kauf billiger Salami. Für solche Fälle argumentieren Utilitaristen wie Singer (1980) oder Kagan (2011) dann, dass es zumindest eine kleine *Wahrscheinlichkeit* gibt, dass der individuelle Verzicht gerade der Beitrag ist, der für eine merkliche Veränderung fehlt – dass also etwa genau die eine Packung Aufschnitt, die ich nicht kaufe, dazu führt, dass sowohl der Händler als auch der Großhändler, als auch der Produzent fortan andere Mengen berechnen. Singer und Kagan argumentieren weiter, dass das, was auf dem Spiel steht, so gewichtig ist, dass auch winzige Wahrscheinlichkeiten zählen. Aber auch diese Prämisse kann man bezweifeln, wie Budolfson (2015) zeigt.

58 Dieser klassische Einwand gegen regelutilitaristische Ansätze wird z. B. bei Smart (1956) formuliert.

nicht in bestimmten Weisen handeln sollten, dass aber für den Einzelnen kein Grund zu erkennen ist, das individuelle Verhalten zu ändern. Die Erkenntnis, die wir aus Kants Ethik gewinnen können, lautet, dass es ein Fehler ist, einen weiteren Grund zu suchen. Der bloße Umstand, dass wir ein Handeln nicht für alle befürworten können, *ist* bereits ein guter Grund, es selbst auch nicht zu tun. Diesen Grund übersieht man natürlich, wenn man sich nur um die Konsequenzen individueller Handlungen kümmert. Wenn man jedoch, wie Kants Ethik es tut, Respekt für unsere gleichen Freiheiten und unseren gleichen Status verlangt, dann leuchtet dieser Grund ein. Wenn ich es nicht gutheißen kann, dass jeder von uns seinen Appetit und den günstigen Preis als Grund behandelt, um Salami aus Massentierhaltung zu kaufen – was ist dann so besonders an *mir* und an *meinem* Appetit und an *meinem* Budget, dass ich sie in dieser Weise als einen Grund behandle? Wer bin ich, mir das zu erlauben, was ich nicht allen zugestehen könnte? Kants fundamentale Frage würde also auch hier lauten, ob wir mit einer Handlung etwas für uns in Anspruch nehmen, das wir anderen Vernunftwesen nicht ebenso zugestehen können. Das führt dazu, dass wir individuelle Entscheidungen *direkt* danach bewerten, ob wir sie für uns alle gutheißen können.

Betrachten wir den Fall der Tierethik genauer. Wir wissen aus Kap. 8, dass wir dazu verpflichtet sind, uns das Wohlergehen Anderer zum Zweck zu machen. Und wir wissen aus Kap. 16, dass wir diesen Zweck nicht auf das Wohlergehen von Vernunftwesen eingrenzen dürfen. Wir müssen uns das Wohlergehen all der Wesen zum Zweck zu setzen, die, wie wir, Gefühle und Neigungen haben. Nun stehe ich vor der Maxime, eine Packung billigen Aufschnitt zu kaufen, der in Massentierhaltung produziert wurde. Kants Ethik stellt die Frage, ob ich diese Maxime als Gesetz wollen kann. Nun gibt es zwei Möglichkeiten: Entweder ich *habe* mir das Wohlergehen aller

Lebewesen zum Zweck gesetzt. Dann kann ich nicht zugleich diesen Zweck wollen *und* meine Maxime als allgemeines Gesetz befolgt sehen wollen. (Wie wir in Kap. 8 gesehen haben, dürfen wir die Verfolgung solcher Zwecke nur um anderer Pflichten willen einschränken, etwa zugunsten der Pflicht zur Sicherung eigener elementarer Bedürfnisse. Das wäre hier nicht der Fall.) In diesem Fall stoße ich also auf einen Widerspruch im Wollen, und meine Maxime erweist sich als unmoralisch. Oder ich habe mir den Zweck nicht gesetzt, und dann ist allein *das* schon unmoralisch.

In jedem Falle erweist es sich als unmoralisch, nach dieser Maxime zu handeln. (Es dürfte deutlich sein, dass sich für die anderen Beispiele analoge Argumente ergeben.) Und die Begründung hat nichts mit der Frage zu tun, ob mein individuelles Tun etwas am Leiden der Tiere ändern kann. Die Begründung lautet eher wie folgt: Da ich nicht wollen kann, dass wir alle so handeln, würde ich mich selbst mit diesem Handeln vor Anderen bevorzugen. Mein Grund, es nicht zu tun, besteht also darin, dass ich mich sonst in ein falsches Verhältnis zu Anderen setzen würde.

Ist das die richtige Art von Begründung? Haben meine Gründe dafür, nicht die billige Salami zu kaufen, wirklich vor allem mit meinem Verhältnis zu anderen *Personen* zu tun? Sollte es nicht eher um das Leid der Tiere gehen? Hier ist eine Anmerkung zur Struktur der Ethik Kants nötig: Kants Ethik ergibt auf zwei Ebenen Begründungen. Sie begründet *erstens*, warum bestimmte Maximen unzulässig sind. Und diese Begründung lautet immer so, dass wir uns mit solchen Maximen über andere Personen stellen würden. Aber wir können natürlich *auch* erklären, warum einzelne Handlungen falsch sind. Und dabei nennen wir die konkreten Eigenschaften, derentwegen diese Handlungen unter unzulässige Maximen fallen. Auf dieser Ebene können wir die Falschheit von Handlungen in einer informativeren und spezifischeren Weise begründen – etwa dadurch, dass sie Andere täuschen, verletzen, o. Ä. Im vorliegenden Falle lautet diese Begründung dann eben so, dass wir dem Wohl der Tiere schaden.

Es erweist sich hier als ein Vorteil, dass Kants Ethik diese indirekte Struktur hat. Würden wir die Unzulässigkeit einer individuellen Handlung (etwa, wenn ich die billige Salami kaufe) *unmittelbar* durch das Leid der Tiere zu erklären versuchen, dann würden wir eben bei dem eingangs diskutierten Problem landen, dass diese individuelle Entscheidung auf das Leid keine Auswirkungen hat. Es ist also gerade die komplexe Struktur der Ethik Kants, die dieses Problem löst.

Literaturhinweise

Bei der Zitierung der Werke Kants folge ich den mittlerweise üblichen Konventionen der Kant-Literatur. Kants Werke werden also (bis auf eine Ausnahme, s. u.) nach der sog. Akademieausgabe zitiert:

> Immanuel Kant: Werke. Herausgegeben von der Preußischen Akademie der Wissenschaften, Berlin 1902 ff.

Siglen der Form »(IV: 404)« verweisen dabei auf den Band (römische Ziffern; hier Band IV) und auf die Seitenzahl (arabische Ziffern; hier: Seite 404) in dieser Ausgabe.

Lediglich die *Kritik der reinen Vernunft* wird nach der ersten Auflage (A) und/oder der zweiten Auflage (B) zitiert.

Im Übrigen halte ich mich bei Zitaten aus der *Grundlegung* an Stil und Orthographie der 2. Auflage von 1786.

Bei Zitaten aus der *Kritik der praktischen Vernunft* und den *Träumen eines Geistersehers* wird, zusätzlich zu der Stellenangabe aus der Akademieausgabe, mit der Sigle »UB« auch die Seite der entsprechenden Ausgabe in Reclams Universal-Bibliothek (UB 1111 und 1320) angegeben. Die Reclam-Ausgaben der *Metaphysik der Sitten* und der *Grundlegung* (UB 4508 und 4507) enthalten am Fuß der Seiten fortlaufend die Zählung der Akademieausgabe; daher sind die hier nach Letzterer zitierten Stellen auch dort leicht aufzufinden, ohne dass die UB-Seitenzahl zusätzlich genannt werden müsste.

Weitere zitierte Literatur

Allison, H., 1983. *Kant's Transcendental Idealism*, New Haven: Yale University Press.

– 1990, *Kant's Theory of Freedom*, Cambridge: Cambridge University Press.

– 2011, *Kant's Groundwork for the Metaphysics of Morals. A Commentary*, Oxford: Oxford University Press.

Budolfson, M., 2015, »Is It Wrong to Eat Meat from Factory Farms? If So, Why?« in B. Bramble / B. Fischer (Hrsg.), *The Moral Complexities of Eating Meat*, Oxford: Oxford University Press, S. 80–98.

Foot, P., 1967, »Abortion and the Doctrine of Double Effect«, wiederabgedr. in: P. Foot, *Virtues and Vices and other Essays in Moral Philosophy*, Oxford: Oxford University Press 2002.

Hardin, G., 1968, »The Tragedy of the Commons«, *Science* 13: 1243–1248.

Hegel, G. W. F., 1968 ff., *Werke*, Frankfurt a. M.: Suhrkamp.

Herman, B., 1993, *The Practice of Moral Judgment.* Cambridge, MA: Harvard University Press.

Hill, T. E., 1980, »Humanity As an End in Itself«, *Ethics* 91: 84–99.

Kagan, S., 2011, »Do I Make a Difference?«, *Philosophy and Public Affairs* 39: 105–141.

Korsgaard, C., 1996, *Creating the Kingdom of Ends,* New York: Cambridge University Press.

– 1996a, »Kant's Formula of Universal Law«, in Korsgaard (1996) S. 77–105.

– 1996b, »Kant's Formula of Humanity«, in Korsgaard (1996) S. 106–132.

– 1996c, »The Right to Lie: Kant on Dealing with Evil«, in Korsgaard (1996) S. 133–158.

– 1997, »The Normativity of Instrumental Reason«, in G. Cullity / B. Gaut (Hrsg.), *Ethics and Practical Reason*, Oxford: Clarendon Press.

– 2011, »Interacting With Animals: A Kantian Account«, in: T. Beauchamp / R. G. Frey (Hrsg.), *Oxford Handbook of Animal Ethics*, Oxford: Oxford University Press.

Mackie, J. L., 1977, *Ethics – Inventing Right and Wrong*, Harmondsworth: Penguin. – Dt.: *Ethik. Auf der Suche nach dem Richtigen und Falschen*, übers. von R. Ginters, Stuttgart: Reclam, 1981.

O'Neill, O., 1975, *Acting on Principle*, New York: Columbia University Press. (Neu veröff. 2014; 1. Aufl. veröff. unter dem Nachnamen Nell.)

– 1989, »Universal Laws and Ends-In-Themselves«, in O. O'Neill, *Constructions of Reason*, New York: Cambridge University Press.

Olson, M., 1965, *The Logic of Collective Action. Public Goods and the Theory of Groups*, Cambridge, MA: Harvard University Press.

Parfit, D., 1984, *Reasons and Persons*, Oxford: Clarendon Press.

– 2011, *On What Matters*, Bd. 1, Oxford: Oxford University Press.

Paton, H. J., 1947, *The Categorical Imperative: A Study in Kant's Moral Philosophy.*, London: Hutchinson's University Library.
Prauss, G., 1974, *Kant und das Problem der Dinge an sich*, Bonn: Bouvier.
Quinn, W., 1993, »Putting Rationality in Its Place«, in W. Quinn, *Morality and Action*, Cambridge: Cambridge University Press.
Rawls, J., 2000, *Lectures on the History of Moral Philosophy*, Cambridge, MA: Harvard University Press.
Reath, A. 2006; *Agency and Autonomy in Kant's Moral Theory*, Oxford: Clarendon Press.
Ripstein, A., 2009, *Force and Freedom. Kant's Legal and Political Philosophy*, Cambridge, MA: Harvard University Press.
Rosen, M. 2012, *Dignity. Its History and Meaning*, Cambridge, MA: Harvard University Press.
Scheler, M., 1916, *Der Formalismus in der Ethik und die materiale Wertethik*, Halle a. d. S.: Niemeyer.
Schiller, F., 1962, *Sämtliche Werke*, Bd. 1, München: Hanser.
Schneewind, J., 1997, »Introduction«, in P. Heath / J. Schneewind (Hrsg.), *Immanuel Kant – Lectures on Ethics*, Cambridge: Cambridge University Press.
Singer, P., 1980, »Utilitarianism and Vegetarianism«, *Philosophy and Public Affairs* 9: 325–337.
Smart, J. J. C., 1956, »Extreme and Restricted Utilitarianism«, *The Philosophical Quarterly* 6, S. 344–354.
Stepanians, M., unveröffentlich, »Kant über vollkommene und unvollkommene Pflichten«, Vortragsmanuskript 2005, online unter: http://www.academia.edu/3688216/Kant_über_vollkommene_und_unvollkommene_Pflichten
Tenenbaum, S., 2007, *Appearances of the Good: An Essay on the Nature of Practical Reason*, Cambridge: Cambridge University Press.
Timmerman, J., 2000, »Kant's Puzzling Ethics of Maxims«, *The Harvard Review of Philosophy* 8: 39–52.
Velleman, D. 1999, »A Right of Self-Termination?«, *Ethics* 109: 606–628.
Weinrib, E., 1995, *The Idea of Private Law*, Cambridge, MA: Harvard University Press.

Wildt, A., 1982, *Autonomie und Anerkennung. Hegels Moralitätskritik im Lichte seiner Fichte-Rezeption*, Stuttgart: Klett-Cotta.

Willaschek, M., 1992, *Praktische Vernunft. Handlungstheorie und Moralbegründung bei Kant*, Stuttgart: Metzler.

Wood, A., 1999, *Kant's Ethical Thought*, Cambridge: Cambridge University Press.

Wood, A., 2008, *Kantian Ethics*, Cambridge: Cambridge University Press.

Zum Autor

TIM HENNING, Jahrgang 1976, ist Professor für praktische Philosophie und Geschichte der Philosophie an der Universität Stuttgart. Neben der Philosophie Kants interessiert er sich für Probleme in der praktischen Ethik, Metaethik, Handlungstheorie und Sprachphilosophie.